2030을 위한 싱글 언니의
1인 가구 생존법

2030을 위한 싱글 언니의
1인 가구 생존법

2020년 11월 18일 초판 1쇄 인쇄
2020년 11월 25일 초판 1쇄 발행

지은이 | 신윤섭
펴낸이 | 이종춘
펴낸곳 | ㈜첨단

주소 | 서울시 마포구 양화로 127 (서교동) 첨단빌딩 3층
전화 | 02-338-9151
팩스 | 02-338-9155
인터넷 홈페이지 | www.goldenowl.co.kr
출판등록 | 2000년 2월 15일 제 2000-000035호

본부장 | 홍종훈
편집 | 이소현
본문 디자인 | 조서봉
전략마케팅 | 구본철, 차정욱, 나진호, 이동후, 강호묵
제작 | 김유석
경영지원 | 윤정희, 이금선, 이사라, 정유호

ISBN 978-89-6030-569-4 13320

BM **황금부엉이**는 ㈜첨단의 단행본 출판 브랜드입니다.

황금부엉이에서 출간하고 싶은 원고가 있으신가요? 생각해보신 책의 제목(가제), 내용에 대한
소개, 간단한 자기소개, 연락처를 book@goldenowl.co.kr 메일로 보내주세요. 집필하신 원고가
있다면 원고의 일부 또는 전체를 함께 보내주시면 더욱 좋습니다.
책의 집필이 아닌 기획안을 제안해주셔도 좋습니다. 보내주신 분이 저 자신이라는 마음으로 정
성을 다해 검토하겠습니다.

2030을 위한 싱글 언니의

1인 가구
생존법

신윤섭 지음

BM 황금부엉이

오늘 하루도 자취 마일리지를
적립 중입니다

　서울과는 데면데면한 사이. 자취와는 생판 초면. 이 둘이 합쳐졌으니 제대로 굴러갔을 리가 없다.

　세상물정 모르고 호기롭게 덤빈 서울에서의 자취생활은 설렘만큼이나 낯설고, 어설펐으며, 오류의 연속이었다. SNS 자랑용 허세 요리를 만들고 오늘의 집을 꾸미는 일이 자취의 전부라고 생각한다면 경기도 오산이다. 한밤중에 전기가 끊기거나 한겨울에 보일러가 터져 찬물로 씻어야 했던 일, 전기밥솥에서 곰팡이가 핀 시퍼런 쌀밥을 처분하기도 하고 그렇게 삼시세끼 알기를 우습게 알다가 병원 신세 지는 일로 넌더리가 나는 것도 자취생활의 일부였다. 아이고, 하나님 맙소사다. 이 타이밍에 곡소리가 안 나오면 이상한 거다. 내 소중한 혼라이프를 위협하는 빌런들을 대처하는 일까지도 자취생활에 풀패키지로 포함되어 있다는 얘기다.

그렇게 망한 하루들로 점철된 자취생활이 올해로 15년째다. 햇수를 세어 보다 내가 더 놀랐다. 자그마치 15년 치의 자취 마일리지를 적립했다는 얘기다. 자취 경력만큼은 어디서도 꿀리지 않을 자신이 생겨 버렸다. (웃음) 라면 물도 못 맞추던 내가 요즘은 소고기무국이나 미역국쯤은 앞구르기 하면서도 끓일 정도니 말 다했다. 그렇다고 이제 자취의 신이 되어 뭐든 다 능숙하게 잘한다는 건 아니다. 오해하지 마시라. 자취생활의 존폐와 직결된 돈 문제나 부동산에 관해선 나이에 맞지 않게 순수한 까막눈이며, 여전히 허점 많은 허술한 자취생이다. 그런데 또 뭐 다 잘 해서 뭐 할 건가. 못하는 건 과감히 포기할 줄 아는 것도 용기다. 혼자서 도무지 해결하지 못할 일은 무리하지 않고 대충 뭉개고 사는 편이 낫다는 걸 이제는 잘 안다. 나름의 주제파악이랄까. 이래 봬도 사리분별이 보통 확실한 게 아니다.

이 책에는 적지 않은 시간 동안 혼라이프를 살아본 1인 생활자로서, 지속 가능한 자취생활을 영위하기 위한 소소한 생활의 기술들을 담았다. 지금까지 손가락으로 셀 수 없을 정도의 망한 하루들을 겪어내며 완성한 일종의 오답노트인 셈이다. 뒤죽박죽 혼돈의 카오스 같았던 자취생활도 시간이 쌓이면서 나름의 질서가 잡히고, 나의 귀한 하루를 좀 더 쾌적하게, 건강하게, 안락하게 채우는 안정적인 자취의 루틴들이 생겨났다.

요즘의 나는 꽤나 만족스러운 자취생활을 하고 있다. 15년 치의 자취 마일리지를 쌓는 일은 내가 무엇을 할 때 행복한 사람인지를 알아가는 과정이기도 했다. 아침을 따끈한 두부 한 모로 식사할 때의 소소한 즐거움, 모닝 요가로 구겨진 몸을 다림질하고 새 하루를 시작할 때의 상쾌함, 매일 만 보 이상의 마인드풀 워킹을 하며 체력이 단단해지는 걸 느낄 때의 성취감, 대낮에 침대 위에서 넷플릭스로 8090 추억의 영화를 보며 IPA를 마실 때의 기분 좋은 나른함. 별거 아니지만 오로지 나의 만족도를 높이는 일로 자취의 일상을 채워나가고 있다. 단순히 집을 근사하게 가꾸는 것에 집중하기보다 나 스스로를 살뜰히 돌보고, 소박한 라이프지만 그 속에서 '이 정도면 됐지 뭐' 정신승리하며 만족스럽게 사는 법을 찾았달까. 킨포크 스타일의 그림 같은 집에서 남부럽지 않게 자취해 봤자 뭐하겠는가. 괜히 남들 질투나 사겠지. 훗! 이것이 바로 궁극의 정신승리.

실수투성이에 어설펐던 경험들을 떠올렸을 때, 가끔씩 도움 청할 수 있는 '동네 언니' 하나쯤 있었다면 어땠을까 생각해 봤다. 없었다는 얘기다. 여전히 빈틈이 많고 손이 많이 가는 나지만, 자취 해 볼 만큼 해 본 자취 만렙의 짬밥으로 이제 그 동네 언니가 되어보려고 한다.

생애 첫 자취를 앞두고 있거나 이미 1인 가구의 길을 선택한 초보 자취러도 좋다. 아니, 아직 구체적인 계획은 없지만 자취의 꿈을 품고 있다거나 또는 이미 결혼도 했으나 서류에 도장 찍고 독립할 생각이 있는 예비 돌싱 여러분까지 모두 대환영이다. 그대가 뭘 좋아할지 몰라 가진 것 모두 쏟아놓았으니 친구네 자취방을 엿보는 기분으로 가볍게 읽어주었으면 좋겠다. 많은 걸 바라지는 않는다. 혹 쓸 만한 것이 보이면 참고삼아 주시길 바라며, 부디 당신의 혼라이프에 깨알만큼이라도 도움이 된다면 더할 나위 없이 기쁘겠다.

차례

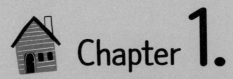

Chapter 1.

시작해 보기,
자취

웰컴 투 자취월드

••• 〈나 혼자 산다〉 팀과 간혹 녹화 일정이 겹친다. 그래서 3층 복도에서 무지개회원들과 마주치는 일이 자주 있다. 하루는 C스튜디오에 가려고 엘리베이터에서 내렸는데, 누가 문 앞에 남자 마네킹 하나를 세워 둔 거다. 난데없이 웬 마네킹이람. 의아해하다가 정신을 차려 보니, 뜨악. 성훈이었다. 아무리 UHD시대라지만 여전히 화면은 실물을 못 담는다. 잘 깎은 조각상 같은 그의 미모에 놀라 정신이 아득해지면서 이놈의 미남 울렁증. 순간 이상한 말이 튀어나왔다.

"꺅, 팬이에요! 매주 본방사수 하고 있어요. 그런 의미에서 한번 안아 봐도 될까요?"

놀라지 마시라. 물론 마음의 소리였다. 다행히 쇠고랑 차는 사태는 벌어지지 않았다. 괜히 멀뚱멀뚱 쳐다보기만 하다 끝내 말 한마디 못 붙이고 끝난 이불킥 에피소드라고나 할까. 어쨌거나.

나는 왜 내가 담당하는 프로그램보다 남의 방송을 더 적극적으로 시청하고 앉아 있나 곰곰이 따져 보니, 화면에서 종종 발견하게 되는 나의 모습 때문이 아닐까 싶다. 태어난 김에 사는 사람처럼 무질서한 것도 나, 식욕이 폭발할 때 짜파게티 2봉씩 해치우는 것도 나, 휴일에 온종일 멍하니 TV나 보면서 금쪽같은 시간을 박살내는 것도 나, 물욕이 넘쳐 옷장에 택도 안 뗀 옷이 산더미인 것도 모두 혼자 사는 나의 모습과 별반 다르지 않다. 웬일인지 낯설지가 않아요~ 사람 사는 거 다 거기서 거기. 남 일 같지 않은 친근한 그들의 혼자 라이프에 진한 동질감을 느꼈달까. 카메라만 없다 뿐이지, 나 역시 매일 〈나 혼자 산다〉를 셀프로 찍고 있으니 말이다.

TV로 남이 혼자 사는 모습을 관찰하는 것만 해도 '아이고, 내 배꼽' 하는 마당에, 실제로 주인공이 되어 보면 얼마나 더 재밌는 줄 아시는가. 혼자 다큐를 찍었다, 예능을 찍었다, 화수분 같이 쏟아지는 에피소드로 매일이 흥미진진하다. 늘 새롭고, 짜릿하다. 그래서 말인데 여러분.

꼭 한번, 혼자 살아 보세요.

혼자 산다고 하면 외롭지 않냐는 말들을 한다. 천만에요. 깜깜한 빈 집에 혼자 문 열고 들어가면 처량하지 않냐고도 묻는다. 그럴 리가요. 예전에 〈라디오스타〉에 40대 싱글남이 출연해 현관에 빨간색 여자 구두 한 켤레를 둔 일화를 소개했다. 빈집에 들어가는 게 적적해서 여자 친구가 반겨줬으면 하는 바람으로 그랬다는데, 에이, 설마.

예능 욕심으로 MSG 잔뜩 얹은 에피소드라고 믿어 본다. 아무도 없는 나만의 공간에 혼자 들어가 쉴 수 있다는 게 얼마나 즐거운데요. 백 번, 천 번도 할 수 있습니다. 암요. 그렇고말고요. 하지만,

고백하건대 나도 처음부터 혼자 산 것은 아니었다. 독립자금이 모자랐던 차에 때마침 자취방을 물색 중이던 아는 동생과 동거를 시작했었다. 보증금도 반반, 월세도 반반, 생활비도 반반. 이렇게 칼같이 반반이면 다 되는 건 줄만 알았으나 심각한 오산이었고, 누군가와 같은 공간에서 일상생활을 공유한다는 건 그렇게 무 자르듯 단순한 일이 아니었다.

룸메이트인 동생은 사람들과 어울리는 걸 좋아하는 성격이라 집에 지인들을 자주 초대했고, 나는 그 부분에서 특히 질색팔색 했다. 불행 중 불행으로, 성향만 다른 것에서 끝나지 않았다. 방 안 보일러 온도를 18℃로 유지할 것인가 24℃로 올릴 것인가부터 주방 전등을 켜고 끄는 문제, 식재료 장보는 비용의 적정선 문제, 설거지를 쌓아두는 문제, 화장실 타일의 물때를 즉시 청소할지 방치할지의 문제까지. 너무 사소하고 치사해서 차마 입 밖으로 꺼내기 힘든 문제들이 쌓이고, 서로의 감정이 상하다 못해 곪아 터지고, 급기야 둘 중 하나가 보증금을 빼는 바람에 끝내 갈라서는 지경에 이르렀다. 파국이다. 막장 드라마보다 더하다. 사실 죽고 못 살아서 결혼한 부부도 한집에 살다 보면 다툼이 생기는 판에, 따지고 보면 놀라운 일도 아니다. 당연한 결과다.

그때 확실히 알았다. 나는 상대방의 거슬리는 행동에 그리 인내심을 발휘하지 못하는 타입이며, 누군가와 다시 함께 살게 된다면, 그는 분명 내가 모든 걸 참아줄 수 있을 만큼 무한한 애정을 느끼는 존재여야만 한다는 것을.

그리고, 그 후로 10년째 나 혼자, 아주 잘먹고 잘살고 있다. 나만의 공간을 완벽하게 독차지하며 말이다. 무슨 짓을 해도 눈치 볼 사람이 없다는 건 자취생활 최고의 미덕이다. 씻고 빨가벗은 채로 나와 자연인처럼 온 방을 활보해도 상관없고, 입으로는 밥을 먹는 동시에 한쪽 엉덩이를 들고 방귀를 뀌어도 수치심이 일절 느껴지지 않는다. 밤늦도록 야식 먹다 잠들어도, 만취상태로 새벽에 네 발로 기어 들어와도, 잔소리할 사람 하나 없다. 어른들이 왜 '이놈의 집구석'이라고 하는지 모르겠다. 집구석만 들어오면 얼마나 숨통 트이고 좋은데.

지하철역 근처를 혼자 지날 때면, 귀신같이 2인조가 내 양옆으로 다가와 좋은 말씀을 전파하고 싶다며 들러붙는다. 신종 '도를 아십니까'쯤으로 추정이 되는데, 그들의 '반드시 전파하고 싶은 사람 명단'에 내 얼굴이 붙어 있나 의심될 정도로 그 혼잡한 틈에서도 나만 보면 전투력을 발휘한다. 얼마나 신념을 전파하고 싶으면 저럴까 싶었는데, 나야말로 자취 10년이 훌쩍 넘어가니 길거리에서 '자취를 아십니까' 하며 전도하고 싶은 심정이 되었다.

좋은 건 나누고 싶은 게 인지상정인 모양이다. 그리고 35살이 되도록 부모님이 해 주시는 밥을 먹던 불효녀 후배 작가 하나를 끈질기

게 설득한 끝에 전도에 성공했다. 4년차 자취녀가 되어 싱글생활의 달콤함을 누리고 있는 후배를 볼 때면 마치 나의 소명을 다한 듯 뿌듯하다. 착한 후배야, 잘 왔다. 웰컴 투 자취월드다. 어떤 고난과 역경이 온다 해도 웰컴 투 시월드보다는 백번 낫지 않겠나. 겁먹지 말고 일단 질러보시라. 어떻게든 살아진다.

방구석 1열 하와이

••• 누가 불금 소리를 내었는가. 언제부터 금요일이 활활 불태워야 마땅한 광란의 날이 되었느냐 말이다. 불금이라는 단어는 다분히 인싸적이다. 포차라도 가서 사람들과 어울려 술 퍼마시고 새벽까지 클럽에서 땀 좀 흘려야 금요일을 제대로 보낸 거라는 느낌을 강요받는다. 클럽 못 가서 그러는 거 아니다. 정말이다. 이제 금요일 저녁에 아무 약속이 없다고 하면 별 볼 일 없는 루저나 아웃사이더 취급을 당할 판이다. 만날 사람 없어서 이러는 거 아니다. 진짜다. 집에서 보낸 금요일 밤은 밋밋하고 시시한 것처럼 느껴진다. 불금이라는 말을 처음으로 입 밖에 꺼낸 작자가 누군지 국민청원 넣을까 보다.

금요일 저녁의 퇴근은 행동이 빠를수록 좋다. 평소보다 귀가하는 데 드는 소요시간이 최소 1.5배 늘어지기 때문이다. 가양대교에 한 시간 동안 갇혀있으면서 지옥을 경험했다. 쿠팡에서 빠른 귀가 희망자들을 위한 총알배송 상품이 하루빨리 개발됐으면 좋겠다는 생각을 하며, 잠깐 쿠팡맨 등에 업혀 집으로 배송되는 나의 모습을 상상해 봤는데, 뭐 나쁘지 않구먼. 아무튼, 머릿속 내비게이션에 목적지를 집으로 찍고 최단 경로를 계산한다. 행여 딴 길로 새 경로를 이탈하지 않도록 온정신을 집중해 신속하게 움직인다. 비교적 큰 교통체증 스트레스 없이 무사히 집에 도착했다면 그걸로 미션 성공이다.

그렇다면, 이제부터 잇츠쇼타임. 아싸인 듯 아싸 아닌 아싸 같은 한 여자의 금요일 밤이 시작된다. 고백하건대, 사실 본인도 춤추고 노는 거 좋아한다. 이왕 털어놓은 거 솔직히 말하자면, 20대에 홍대 클럽을 들락날락하며 불금을 보낸 인싸 시절이 있었지만 이미 옛날 고리짝 이야기. 입구에서 출입제재 당한 지가 벌써 10년이다. 그래서 나는, 집에서 춤을 춘다.

이왕 추는 거 제대로 하고 싶었던 걸까. 현대의 교양인이라면 외국어 하나, 악기 하나쯤 다룰 줄 알아야 한다는데 여기에 춤 하나쯤 추가하면 더할 나위 없지 않을까 하는 마음이었는지, 댄스 선생님을 찾아갔다. 교양 댄스로 신중하게 선택한 종목은 웃지 마시라 훌라다. 훌라춤이 아닌 훌라라고 하는 데는 이유가 있다. 훌라는 하와이말로 '춤' 혹은 '춤춘다'는 뜻이므로 '훌라춤'이라는 말을 '역전앞'과 같은 동어반복이다. 그런데, 왜 뜬금없이 하고 많은 춤 중에 훌라냐고?

사실 그렇게 뜬금없지만은 않다. 몇 해 전 하와이에 혼자 여행 갔을 때 현지인 할머니 선생님에게 훌라를 배운 적이 있다. 와이키키

해변에 있는 센터에서 전통악기인 우쿨렐레며 훌라 등 하와이 문화를 교육하는 무료 클래스가 있었는데, 그때 처음 훌라의 맛을 본 거다. 춤도 춤이지만, 날씨만큼 나른한 훌라 음악도 듣기 좋았고, 트로피컬 컬러의 전통치마며 머리에 꽂는 플루메리아 꽃장식까지 뭐 하나 마음에 들지 않는 게 없었다.

문득 그때의 좋았던 기분이 떠올라 다시 훌라 강습을 받기 시작했고, 지금은 뭐 거의 전국 무대를 휩쓸 정도의 훌라 댄싱머신이 되었다. 물론 지어낸 이야기다. 댄싱머신은 희망사항이고 여전히 걸음마 단계의 병아리 훌라 댄서다.

언뜻 보기에 훌라는 팔만 흐느적거리면 되는 난이도 낮은 춤으로 보일지 모르나 실상은 전혀 그렇지가 않다. 파도가 넘실대는 모양새로 골반을 좌우로 움직이는 게 쉬운 일이 아니다. 스쿼트 자세처럼 무릎을 굽혀 안정적으로 하체의 중심을 잡아야 하며, 상체는 꼿꼿해야 하고, 손동작도 부드러움 속에 각도와 절도가 살아 있어야 한다. 신과의 대화를 위해 시작한 훌라는 춤 자체가 수화나 다름없기 때문에, 동작이 조금만 틀려도 메시지 전송에 오류가 날 수 있으니 정확히 숙지하고 표현해야 한다. 이렇게 계속 말이 길어지는 이유는, 훌라를 만만하게 보지 말아 달라는 일종의 자기방어랄까. 한 곡의 안무를 마스터하는 데 한 달의 시간도 모자랐다.

방구석에서 춤춰 본 적 있는가. 불금의 홍대 클럽보다 더 신난다. 누가 출입을 막기를 하나, 내 춤을 방해하길 하나. 못 춘다고 뭐라는 사람이 있길 하나, 눈치 볼 사람이 있길 하나. 다만 제대로 방구석 훌라를 즐기기 위해서는 준비물이 필요하다. 코나 브루어링 컴퍼니의 역작, 빅웨이브 맥주다. 역시 춤추는 데 알코올이 빠지면 아쉽다. 이때 하와이의 큰 파도가 그려진 전용잔에 하와이 특산품인 마카다미아 초콜릿으로 안주까지 갖추면 금상첨화다. 모든 준비는 끝이 났다.

유튜브로 후킬라송낚시해서 물고기 잡아먹자는 노래를 틀고 훌라를 춘다. 빅웨이브를 들이키며 음악에 맞춰 훌라를 추다 보면 스멀스멀 흥이 오른다. 후키후키 후키후키. 행복해서 춤추는 게 아닙니다, 춤을 추니까 행복한 겁니다, 여러분, 춤 추th네요! 긍정복음 7장 7절 말씀 훌라훌라훌라 훌라훌라훌라. 훌라춤을 추는 탬버린! 아, 이게 아닌데… 하지만, 기면 어떻고 아니면 또 어떤가. 내가 신나면 됐지.

예전에 『작은 여행 다녀오겠습니다』라는 책을 쓴 최재원 작가의 북토크를 갔을 때가 생각난다. 서울에서 에어비앤비를 운영하는 여행작가였는데, 미처 해외로 여행 떠날 여유가 없는 사람들에게 집 근처 동네골목이라든지 가 본 적 없는 낯선 동네를 탐방하는 방식의 '작은 여행'이 주는 즐거움을 알려주었다. 여기에 하나 더 보태고 싶다. 동네 여행보다 쉬운 방구석 여행은 어떠신가. 전신거울 앞에서 훌라를 추다 보면 여기가 하와이고 와이키키다. 불금의 와이키키, 나만 즐기기 아까워서 하는 소리다.

꼭 한번 방구석에서 불금의 밤을 보내 보시길 바란다.

그리고 확실히 말해 두는데, 나 취한 거 아니다….

2인용 같은 1인용 침대

••• 드디어! 마침내! 그 날이 찾아왔다. 새 침대 배달 오시는 날. 디자인 고르는 데만 몇 날 며칠, 배송까지 무려 한 달을 기다렸으니 존칭 받아 마땅한 귀한 몸이다. 30분 후면 도착한다는 전화를 받고 침대 놓을 자리를 쓸고 닦고 만반의 준비를 마쳤다. 이제 들여놓기만 하면 끝, 오늘 밤부터 새 침대에서 잘 수 있다는 기대에 설렘지수가 폭발할 지경이다. 유후!

사실 기존에 쓰던 침대를 처분하는 일도 만만치 않았다. 동네 일대에 침대수거 서비스를 하는 업체와 일일이 통화해 견적을 뽑는 데만 일주일이 더 걸렸다. 그나마 합리적인 가격인 7만 원을 제시한 업체를 만난 뒤로는 일사천리였지만. 그나저나 쓰레기 처리 비용이 무려 7만 원이다. 웬만한 이케아 수납장 하나와 맞먹는 값이다. 집밖에 직접 내다놓을 수만 있으면 주민센터에서 1만 6,000원짜리 스티커 한

장으로 해결할 수도 있겠으나, 내 가녀린 팔뚝으로는 매트리스 하나 옮기는 것도 불가능하니 달리 방법이 없었다. 약속한 날짜에 남자 기사님 한 분이 오셨는데, 원래 더 받아야 되는데 싸게 해 준 거라고, 어디서도 이 가격에 못한다는 말을 남기고 낡은 침대와 함께 순식간에 사라졌다. 암요. 여부가 있겠습니까요. 어차피 저에게는 선택의 여지가 없으니까요.

"집 앞에 다 왔는데, 지금 올라갑니다."

새 침대 기사님이 어깨에 포장박스를 짊어지고 계단을 오르는데, 이럴 땐 엘리베이터 없는 2층집에 사는 게 죄스럽다. 집 안에 제품을 전부 들여놓기까지 대여섯 차례 계단 오르내리기를 반복해야 했다. 가구를 배송받을 때마다 매번 느끼는 거지만 옆에서 뭐라도 거들자니 걸리적거릴 것 같고, 보고만 있자니 감시하는 것 같고, 그렇다고 밖에 나가 있자니 너무 무신경한 것 같아 어쩔 줄을 모르겠다. 결국 최대한 무심하게 지켜보는 쪽을 택하게 되지만. 어쨌든,

박스 포장을 해체하고 본격적으로 조립작업에 착수하려는데, 그의 눈빛에서 무언의 메시지를 읽을 수 있었다. 딱 봐도 여자 혼자 쓰는 침대 같은데, 집 평수에 비해 침대가 과하게 큰 거 아닙니까 하는 바로 그 표정… 그렇다. 퀸사이즈의 원목침대를 플렉스 해버렸지 뭔가. 새로 주문한 퀸사이즈 침대는 방 면적의 거의 1/5쯤을 차지할 정도의 크기다. 보통 작은 평수의 원룸 자취방에서는 집이 넓어 보이는 착시효과를 위해 싱글 침대를 사용하거나, 애초에 프레임 없이 나무

깔판을 이용해 매트리스를 올려두는 게 요즘의 트렌드고 대세다. 그런데도 작은 집에서 무리하게 큰 침대를 사용하는 건 관상용 집에서 살고 싶은 생각이 없기 때문이다. 내 집의 핵심 기능은 휴식공간으로의 역할이며, 휴식은 곧 질 좋은 수면에서 나오고, 그러기 위해서는 편히 쉴 수 있는 편안한 침대가 필요하다. 하루의 1/3을 침대에서 보내고 더군다나 아크로바틱한 수면패턴이 있는 나에게 퀸사이즈 침대는 꼭 필요한 가구다.

땀을 바가지로 흘리며 해체와 조립 과정을 30분이 넘도록 반복하더니 드디어 침대 프레임이 완성됐다. 이제 그 위에 매트리스만 얹으면 되는데 문제는 매트리스가 여전히 주차장 트럭에서 대기 중이라는 사실이다. 산 넘어 산이다. 혼자 그 큰 프레임을 조립하는 걸 지켜보는 것도 곤혹스러웠는데 무거운 매트리스를 끌고 계단을 오르는 걸 또 한 번 봐야 한다. 퀸 사이즈 매트리스를 엘리베이터 없이 옮기는 일은 역시 숙련자에게도 쉽지 않아 보였다. 용을 쓰고 계단을 오르는 기사님의 얼굴은 점점 일그러지는데, 이건 뭐 체험 삶의 죽노동 현장이다. 이제 조영남 아저씨가 나올 타이밍이지만 그는 나오지 않았고, 하필 배송비 무료 옵션이라 유니콘에 꽂을 설치비 돈 봉투조차 없었다. 의도치 않게 끝까지 미안한 상황이 연출됐다. 어쨌든, 새 침대가 나에게로 왔다.

여행 다니면서 수많은 침대에 몸을 뉘여 봤지만, 그중 최고는 후지산을 마주보고 있는 호시노야 리조트였다. 1박 가격이 80만 원을 웃도는 특급 리조트로 성수기에는 100만 원을 훌쩍 넘는데, 후지산 전망이라는 조건 때문에 큰맘먹고 결제했으나, 체크인부터 체크아웃까지 구름이 걷히지 않아 후지산을 거의 보지 못했다는 슬픈 전설이 내려오고 있다. 침대에 눕는 순간 자본주의의 달콤함이 온몸으로 전해졌다. 순백의 침대시트와 금방이라도 단잠이 들 것 같은 마약베개. 이것은 구름인가 침대인가, 사람 헷갈리게 만드는 안락함과 편안함에 역시 돈이 최고다 싶으면서도, 아이고, 내 돈 80만 원…. 본전 생각하느라 마냥 여유롭게 잠들지 못했던 점이 못내 아쉬웠다. 그래서,

그때와 엇비슷한 느낌이라도 연출해 볼 심산으로 그렇게 발품을 팔았던 거다. 침구류는 무인양품의 오리털 베개와 린넨 이불커버가 가성비가 가장 좋았다. 커버류는 일주일에 한 번씩 세탁하고, 특별히 옥상에 널어 직사광선에 바짝 말려준다. 침구에 밴 햇빛 향은 웬만한 수면유도제보다 성능이 뛰어나다. 매일 세탁하지 못하는 이불은 자면서 흘리는 땀 때문에 진드기가 생기기 쉬운데, 이때 에탄올에 계피를 우려내 분무기에 넣고 뿌려주면 효과가 좋다. 화학 탈취제가 호흡기를 망칠까 봐 걱정되는 나 같은 사람에게 추천한다.

새 침대에 침구류까지 교체하고 나니, 낡은 잠옷이 따로 노는 기분이다. 이왕 분위기 바꾸는 김에, 버리기 직전의 낡고 늘어난 티셔츠를 잠옷으로 재활용하던 습관을 청산하기로 했다. 어차피 집이고 보는 눈도 없다지만, 거울에 비친 후줄근한 내 모습을 보며 느꼈던 자괴감과 과감히 손절할 때가 온 거다. 잠옷은 주로 오이쇼에서 세일

기간을 노렸다가 적당한 가격에 질 좋은 제품을 구입하곤 하는데, 한 번 입어 보면 잘 때 입던 목 늘어난 티셔츠를 왜 의류수거함에 버려야 하는지 알게 된다.

침대 맡 수납장의 첫 번째 칸에는 수면용품들을 잔뜩 구비해 두었다. 집안 분위기 망치는 암막 커튼 대신 수면안대를 사용하는데, 자라홈에서 마리 앙투아네트가 쓸법한 화려한 실크제품을 합리적인 가격에 구입할 수 있었다. 또 코밑에 살짝 바르면 알싸한 향으로 긴장감을 풀어주는 아로마 밤(balm)도 추천할 만하다. 보통 요가 수업 마지막 단계에서는 일명 시체 자세로 누워 있곤 하는데, 이때 코밑과 귀 뒤에 이 밤을 발라주는 강사가 있었다. 보통 5초도 안 되서 바로 기절이다. 심지어 코 고는 사람도 봤다. 믿기 어렵겠지만 진짜다. 그만큼 잠들기 전 릴렉스가 필요한 순간에 특효다.

침대 하나 바꾸고 수면 라이프가 변화했다. 참으로 기분 좋은 연쇄반응이며 지금까지도 여전히 만족스럽다. '혼자 쓸 침대니까 대충'이란 말은 하지 말자. 집에 있는 시간의 절반 이상은 수면 시간이고, 내 월세의 절반은 잠자는 시간을 위해 집주인에게 꼬박꼬박 지불되고 있다는 사실을 떠올리면 이해하기 좀 더 쉬우려나. 나는 오늘도 침대에 대자로 누워 늘어지게 낮잠도 자고, 맥주 한 잔 마시면서 구독하는 유튜브 영상도 보고, 그러다 또 쓰러져 잠들 계획이다. 침대 위에서 먹고, 놀고, 자고 안 되는 게 뭔가 싶을 정도로 다 된다. 2인용 침대를 혼자 독차지하는 플렉스, 화장실 2개 있는 자취방도 부럽지 않다면 믿으시겠는가.

좌우간 다른 건 몰라도 일단 침대부터 바꿔보시라. 생활의 질이
달라진다.

Life TIP

대형 폐기물 버리기(feat. 가구, 가전, 사무용 기자재, 냉난방기)

유료! 주민센터에서 스티커를 받아 직접 버리기

직접 주민센터에 가서 스티커를 받아오는 방법도 있으나, 번거롭다면 온라인
으로 비용을 지불한 다음 폐기 번호를 발부받아 버릴 수 있다. 아무 종이에나
발부받은 번호를 써서 가구에 붙여두면 되는데, 이때 다른 사람이 떼어가서
재사용하지 못하도록(간혹 이런 걸 노리는 얌체들이 있다) 테이프로 잘 부착해
두도록 하자.

공짜! 한국그린센터 활용하기

만약 재사용이 가능할 정도로 상태가 양호한 가구라면 무료 가구 수거 서비
스를 받을 수 있다. 불필요한 자원낭비도 막고 환경폐기물도 줄일 수 있는 절
호의 기회다. 불행히도 회생 불가능한 정도의 낡고 오래된 가구라면, 유료 내
려드림 서비스도 활용해 볼 만하다. 여자 혼자 사는 1인 가구의 경우, 무거운
가구를 밖에 내어놓는 것 자체가 미션 임파서블인데, 스티커 비용과 출장비가
포함된 가격으로 폐기 서비스를 받을 수 있다.

홈술은 역시 모히또

••• 얼마 전부터 집에서 농사를 짓고 있다. 무려 농사로 자급자족 라이프를 실현하고 있다는 말이다. 집은 작아도 남들 하는 건 다 하고 산다. 마당도 없는 콧구멍만 한 집에서 웬 농사타령이나 싶겠지만 허브농사라면 불가능할 것도 없다. 뭔가 거창하게 말은 꺼냈지만 사실 폭이 15cm 정도 되는 주방 창틀을 내 초미니텃밭이라 말하기 민망한 감이 있지만 아무튼으로 사용 중이다. 품종은 애플민트 오직 하나. 이쯤에서 벌써 눈치챈 분들이 있을지 모르겠으나, 그렇다면 당신의 생각이 정확하다. 애플민트 농사의 목적은 모히또에 있다.

테라스에 미니텃밭을 갖춰놓고 상추, 치커리 농사를 지어 삼겹살에 쌈 싸먹는 걸 로망으로 여기는 사람도 많지만, 나의 로망은 애플민트 농사를 지어 웬만하면 매일매일, 비교적 근사하게, 홈메이드 모히또를 마시는 거다. 모히또는 다들 잘 아시다시피 쿠바의 시그니처 칵테일이며, 헤밍웨이라는 최고의 셀럽 덕에 글로벌한 유명세를 얻었다. 우리나라에서는 '모히또에서 몰디브 한잔'이라는 애드리브로 이병헌이 비공식 홍보대사 역할을 했지만. 헤밍웨이가 『노인과 바다』를 집필할 때 하루에 8잔씩 마셨다는 전설이 과장이 아닌 게, 안 마셔본 사람은 있어도 한 번만 마셔본 사람은 없다는 칵테일이 바로 모히또다.

서울에서 자취를 시작하고 얼마 안 됐을 시절, 틈만 나면 당시 최고의 핫플레이스인 홍대를 밥 먹듯이 드나들었는데, 그때 처음 맛본 칵테일이 바로 모히또다. 부산에서 대학 시절 즐겨 마시던 준벅, 블루하와이, 피나콜라다류의 달콤하고 과일향 나는 칵테일과 달리, 뭔가 자태부터가 시크했다. 뭐니 뭐니 해도 가격부터가 일단 1,000원이 더 비싸다는 점에서 고오급 칵테일 느낌을 받았다. 한 입 마셔 보니 풀떼기 특유의 쌉쌀한 맛과 함께 강한 알코올 향이 훅 올라왔다. 첫입에 이거 뭔가 잘못된 게 아닌가 싶었지만 이게 웬걸, 꽤나 중독성이 있다. 무턱대고 쓴맛이 아니라 끌리는 쓴맛이다. 그렇게 시크한 매력에 제대로 빠졌고, 그 후로 모히또는 나에게로 와서 서울의 고오오급 맛이 되었다.

이 좋은 모히또, 내가 원할 때 언제라도 마실 수 있다면 얼마나 좋을까 생각만 했는데, 전혀 고민할 일이 아니었다. 홈술로 맥주는 흔해 빠졌지만 칵테일은 레어하다. 왠지 바텐더만의 영역인 것 같고, 재료나 도구도 제대로 갖춰야 할 것 같고, 섣불리 시도하기에는 심리적인 장벽이 두껍다. 그런데 웬걸. 막상 제조해 보니 너무 별게 아니라는 사실에 놀랐다. 잔에 라임과 애플민트, 설탕을 소량 넣고 공이로 빨아 즙을 낸 다음, 여기에 각얼음을 잔 꼭대기까지 채우고 럼주 알코올로 마시려면 탄산수을 부으면 끝이다. 전문적인 칵테일 도구가 일절 필요 없는, 홈메이드가 충분히 가능한 칵테일이라는 뜻이다. 한 잔 만드는 데 이래저래 재료값 1,500원 정도가 들었다. 내가 만든 모히또지만 맛도 자태도 꽤 그럴싸하다. 가성비고, 가심비고, 양쪽 다 챙겼다. 쿠바 여행 중에 헤밍웨이의 단골집을 방문했다는 후배 말로는 '모히또 맛은 다 거기서 거기, 쿠바 모히또는 분위기가 다했다'라고 했다. 이런 의미에서 우리 집 모히또도 맛에서 그리 꿀리지 않을 거라고 말하면 너무 근자감이려나.

그래서 원활한 재료 수급을 위해 애플민트 농사를 짓게 되었다는 이야기다. 언제라도 애플민트 잎을 따서 모히또를 만들 수 있도록 창가에 항시 대기 중이다. 애플민트는 농사로 치면 난이도가 아주 낮은 편이라 내가 할 정도면 뭐 말 다했다. 아무나 쉽게 도전할 수 있다. 단, 지중해 출신이기 때문에 충분한 햇빛과 물만 아낌없이 공급해 주면 되는데, 웃자란 줄기를 그대로 잘라 컵에 꽂아두면 금세 또 뿌리가 나오기 때문에, 화분이 없다면 수경재배로 해도 좋다. 주방 창가에서 무럭무럭 자라고 있는 애플민트를 보면, 곳간에 쌀가마니를 가득 쌓아둔 것처럼 든든하고 부자가 된 기분이 된다. 그건 그렇고, 안주 얘기를 안 할 수가 없다.

얼마 전 모히또와 찰떡으로 잘 어울리는 안주를 찾았는데, 바로 넷플릭스다. 단, 최신 콘텐츠나 오늘의 TOP10이 아니라 반드시 옛날 영화여야 한다. 최근에는 〈백투더퓨처〉와 〈다이하드〉 시리즈에 빠져 있다. 머리숱이 북실북실한 브루스 윌리스현재 65세와 깜찍하게 멜빵 바지를 입은 마이클 J. 폭스현재 69세의 연기를 감상하는 게 무척이나 흥미롭다. 액션신에서 총을 쏠 때마다 '삐융-삐융-' 하는 겉도는 효과음도 왠지 정감 가고 좋다. 아날로그 방식으로 농사지어 만든 모히또를 마시며 아날로그 시절의 영화를 보는 거다. 30년 전의 촌스런 감성에 뭉클 취기가 오른다. 원래 모히또는 시간이 멈춘 도시, 쿠바출신의 칵테일 아닌가. 그래서 시간이 멈춘 듯한 옛날 영화야말로 최고의 모히또 안주가 아니냐고 주장한다면 너무 억지려나. 그렇다면 정중히 사과한다.

4캔에 만 원 하는 수입맥주 덕에 홈술이 대세가 되고 맥주가 홈술의 대표주자로 자리 잡았지만, 불행히도 모히또의 텃세 덕에 우리 집에서는 영 자리를 못 잡고 있다. 모히또가 대세고 맥주는 오히려 비주류다. 맥주는 너무 쉬운 술이다. 편의점 냉장고에서 꺼내 와 컵에 따르면 그걸로 끝이다. 하지만 모히또는 다르다. 애플민트를 길러내는 시간부터 즙을 내고 끝내 한 잔의 술로 제조되기까지 제법 장인의 느낌이 난달까.

또, 캔 맥주는 다른 캔 맥주를 부른다는 게 문제다. 하이네켄이 에딩거를 부르고, 에딩거가 기네스를 부른다. 웬만큼 의지가 강하지 않고서야 한 잔으로 끝내기가 어렵다는 얘기다. 이것이 바로 중독의 길. 반면 모히또는 인고의 시간으로 완성한 만큼 한 모금씩 아껴 마시고 음미하게 된다. 이리저리 돌려 말했지만 결론적으로 홈술로 모히또가 더 낫다는 얘기를 하고 있는 거다.

〈다이하드〉 시리즈를 전편 마스터하면 슬프게도 지금은 너무 늙어버린 산드라 블록과 희대의 미남 휴 그랜트가 멜로의 주인공을 싹쓸이하던 시절의 90년대 영화로 넘어갈 계획이다. 휴 그랜트의 눈동자를 보면서 마시는 모히또는 왠지 더 달 것만 같다.

그런데, 자꾸 옛날 영화가 당기는 게 혹시 모히또 때문이 아니라, 내 나이 때문인 건가. 아, 뼈를 때리는 자아성찰이다.

Life Tip

원룸에서 농사짓기 좋아요! 요리 활용도 높은 식용 작물 리스트

모히또, 허브차, 각종 요리 데코용으로 좋은 애플민트

작은 화분에 키우고 있는데, 혼자 매주 모히또를 만들어 먹고도 남는 충분한 양을 얻을 수 있다. 애플민트를 구입할 때는 꼭 포트에 든 제품을 사지 않아도 되며, 마트에서 생잎을 사더라도 일주일 정도 물에 담가두면 줄기에서 뿌리가 자라기 때문에 그 후에 화분에 심어서 키워도 괜찮다. 햇빛과 통풍만 신경 쓰면 워낙 번식력이 좋아 쉽게 농사지을 수 있다.

라면, 국, 무침용으로 좋은 콩나물

나 혼자 사는 장도연 덕에 홍보 효과를 톡톡히 본 콩나물. 내가 어릴 때는 집집마다 고무통에 검은 천을 씌워서 콩나물을 키웠다. 그때만 해도 콩나물은 집에서 키워 먹는 거지, 마트에서 사 먹는 거라고는 생각도 못했다. 물을 돈 주고 사먹는 시대가 올 거라는 걸 상상도 못했던 것처럼. 콩을 하루 정도 물에 불려 발아하기 좋은 상태로 만든 다음, 용기에 담아 불린 콩에 하루 3~4번 정

도 물을 주면 되는데, 이때 콩대가리가 초록색으로 광합성하는 걸 막기 위해 검은 비닐이나 천으로 덮어주면 끝! 일주일 뒤 국 끓여먹을 콩나물이 완성된다. 요즘은 1인용 콩나물 키트가 시중에 많이 나와 있으니 활용하면 편리하다.

라면, 계란찜, 삼겹살, 기름용으로 좋은 대파

텃밭은 물론이고 화분도 필요 없다. 파 한 단 샀을 때 한 뿌리만 남겨 두자. 뿌리가 살아 있는 하얀 밑동을 테이크아웃 커피잔에 물을 담아 꽂아두면 끝! 주방 선반에서 키워도 쑥쑥 잘만 자란다. 단돈 10원도 들지 않고 신선한 파를 먹을 수 있는 너무나 좋은 방법. 단, 물을 자주 갈아주지 않으면 음쓰 냄새가 날 수 있으니 주의하자.

혼자로는 아쉬울 때

••• '꺅!'

늦은 새벽. 소름끼치는 촉감에 용수철처럼 침대에서 벌떡 일어났다. 오른쪽 귀에 약한 전기가 통하는 듯한 찌릿한 진동이 느껴지면서, 동시에 낙엽 밟는 듯한 바스락 소리가 고막을 자극했다. 그때 직감적으로 알았다. 이건 뭐 볼 것도 없이 100% 벌레다. 어두운 귓구멍이 그냥 벽에 난 틈쯤인 줄 알고 기어 들어간 게 확실하다. 내 귀에 캔디가 박혀도 모자랄 판에 벌레라니. 야산도 아니고 그것도 멀쩡한 방 안 침대에서. 그런데 집 안에 사는 벌레라… 아, 너무 뻔하잖아!

반쯤 빠져나간 멘탈을 부여잡고 울먹이며 연신 귀를 털어 봐도 '즈으으으―――' 하고 진동음만 느껴질 뿐, 벌레는 밖으로 나올 계획이 없어 보였다. 거울로 확인해 보려 해도 도저히 각이 안 나온다. 안구를 뽑아서 오른쪽 귓구멍 상태를 확인하고 다시 집어넣을 수도 없는 노릇이다. 시간이 지날수록 사태가 더 악화될 것만 같았다. 이를테면 마침 배가 고팠던 벌레가 내 고막을 파먹는다거나…. 정신을 가다듬고 검색창을 열었다. [귀에 벌레가 들어갔을 때]

단지 '귀에'만 쳤을 뿐인데, '물 들어갔을 때', '벌레 들어갔을 때'가 자동완성으로 떴다. 귀에 벌레가 들어간 사람이 생각보다 많을지도 모른다는 생각에 이 와중에 작은 위안을 얻었다. 좌우간 지금 내가 의지할 수 있는 건 지식인의 조언뿐, 뭐든 하라는 대로 해서 내 손으로 사태를 해결해야만 한다. 불빛으로 벌레를 유인하라는 지식인의 말만 믿고 귓구멍에 휴대폰 플래시를 조준해 봤으나 아무 소득이 없어 실망하고 있었는데, 그 밑에 빛을 싫어하는 곤충은 오히려 더 깊이 들어갈 수 있으니 조심하라는 경고글을 보고는 하던 동작을 멈췄다. 역시 한국말은 끝까지 들어봐야 한다. 식용유를 한 방울 넣어서 밖으로 미끄러져 나오게 하라는 다른 지식인의 조언에 싱크대 문짝을 열려는 순간, 멈칫했다. 근거 없는 민간요법 따라 하다 하나밖에 없는 소중한 오른쪽 귀를 잃게 되면 어쩌나. 시간은 점점 흐르고, 내 귀 안에 정체불명의 하지만 예상 가능한 벌레는 요지부동이고, 혹시 더듬이로 내 고막에 상처를 내거나 알이라도 까지 않을까 하는 공포가 숨통을 점점 조여 왔다. 시간은 새벽 5시. 병원 문 열려면 아직 멀었고, 지식인은 더 이상 도움이 안 되고, 결국 그들에게 구호요청하는 방법밖에 없었다.

"여보세요. 119죠. 울먹 제 귀에 벌레가 들어가서요…. 울먹"

과연 신속한 119다. 얼마 지나지 않아 구조대원이 집의 위치와 귀상태를 확인하는 전화를 걸어왔다. 곧 도착한다는 말을 마지막으로 통화를 끝내고, 혹시 어딘가로 이송될 경우를 대비해 사람 꼴로 좀 다듬은 나는. 오른쪽 귀를 여전히 바닥 방향으로 기울인 채 대문 밖으로 나가 대기했다. 119응급차가 돌아다니는 건 많이 봤지만 내가 당사자가 될 줄이야. 혼자 살다 보니 별일을 다 겪는다고 생각할 즈음, 남녀 2인 1조의 구조대원이 동네 골목으로 들어섰다. 그들을 만난 것만으로도 상당한 위안이 됐다.

"저희가 먼저 귀 좀 볼게요. 어느 쪽 귀죠?"

"오른쪽 귀요."

여자 대원이 플래시를 내 귀에 갖다 대고는 다시 물었다.

"귀에 아무것도 없는데요."

"네? 벌써 고막 뚫고 안으로 들어간 거 아니에요?!"

"아니에요. 벌레도 없고, 고막도 멀쩡해요."

"그, 그럴 리가… 그럼 그건 뭐였을까요."

그들의 눈동자에서 '글쎄, 그건 우리가 묻고 싶은 심정이다'라는 메시지를 읽을 수 있었다. 농담이고, 내 심정이 그랬다는 얘기다. 신기하게도 다시 귀를 만져 보니 더 이상 전기도 통하지 않았고 바스락 소리도 자취를 감췄다. 하, 도대체 뭐였을까. 귀신에라도 씌었던 건가. 아니면 눈치채지 못한 사이에 이미 밖으로 빠져나온 건가. 구조대원은 정 귀가 불편하면 지금 응급실로 가도 되지만, 진료비가 비싸니 아침에 이비인후과가 문을 열면 그때 가 보는 게 낫겠다는 말을 남기고 자리를 떠났다. 마음 같아서는 소방서까지 모셔다 드리고 싶었으나 나에게는 안타깝게도 면허증이 없다.

'내 귀에 벌레 사건'은 그렇게 일단락되었다. 그 새벽에 존재했는지 아닌지 모를 벌레 때문에 달려와 준 119대원에게도 눈물 나게 죄송하고, 집에 눈 달린 사람 아무나 한 명만 있어도 자체적으로 해결할 수 있었다는 사실에 원통하고, 혼자 사는 게 이토록 서러울 수 없었다.

이렇게 혼자 살아서 생기는 아쉬운 순간들은 예고 없이 불쑥불쑥 찾아온다. 우산 없이 출근한 어느 날, 지하철역에 내렸는데 폭우가 쏟아지고 있었다. 대충 신문지로 가리고 뛰어갈 수준이 아니라 하늘에서 양동이째 들이붓고 있어 난감했는데, 주변에 있던 사람들은 하나둘씩 우산을 들고 마중 나온 가족들과 함께 사라졌다. 데리러 오라고 전화할 사람은 없고, 우산 파는 편의점은 역에서 10m 떨어져 있고, 비를 피할 수 있는 방법을 도저히 찾을 수 없었던 그때.

집에서 쉬는 날, 피자나 치킨이 너무 먹고 싶지만 어차피 혼자 다 먹지도 못해 주문을 포기해야만 했던 그때. 옆집 현관 앞에 쌓여 있는 짜장면, 탕수육 빈 그릇을 보고 나도 똑같이 시켜먹고 싶었던 그때. 택배기사님이 무거운 물건을 현관에 두고 갔는데 혼자서 질질 끌고 들어가느라 피똥 쌌던 그때. 혼자 원피스 입는데 뒤에 달린 지퍼가 안 올라가서 추한 꼴로 진땀 흘렸던 그때. 혼자 살다 보면 무수히 많은 '그때'들을 만나게 된다.

처음이라 그래 며칠 뒤엔 괜찮아져, 그 생각만으로 벌써 1년이, 2년이, 3년이 흐르다 한 10년쯤 되니 '그때'들이 차차 사라져갔다… 라고 말하면 좋겠지만, 뭐 또 사실 꼭 그렇지만도 않다. 여전히 누군가의 손 하나가, 입 하나가 절실해지는 순간들이 예상치 못한 타이밍에 찾아오곤 한다. 그래도 겨우 피자 주문 하나로, 비 오는 날 우산을 배달해 주는 수준의 문제로 누군가와 함께 살 수는 없으니까. 고작 무거운 택배상자 옮기는 일 따위로 다시 룸메이트를 구할 수는 없으니까 라며, 그래도 여전히 혼자 사는 게 낫다는 핑계를 찾아본다.

뭐 어쩌겠나. 지금은 내가 일당백 하는 수밖에.

Life Tip

귀에 벌레 들어갔을 때 119가 추천하는 대처법

다음 날 정신이 멀쩡해졌을 때, 재발방지 차원에서 119 의료상담 담당자와 다시 통화를 시도했다. 세상 친절한 직원은 종종 귀에 벌레가 들어갔다는 전화를 받고 있으며, 나 혼자만 겪은 일이 아니라고 말해 줘 큰 위로가 되었다. 중요한 건, 귀에 들어간 벌레를 강압적으로 빼내려고 뭔가를 쑤셔 넣는 행위가 가장 위험하다는 사실이다. 그리고 빛으로 유인하는 것도 잘못된 방법. 바퀴벌레처럼 빛을 피해 다니는 벌레라면 진짜로 더 깊숙한 곳으로 숨어버릴 수 있단다. 이럴 때는 뭔가를 하려고 하지 말고, 병원 진료가 불가능한 새벽이라면 119에 전화를 걸어 이비인후과 진료를 보는 응급실을 문의하고, 의사를 만나 진료를 보는 게 정석이란다. 육안으로 파악하기 어려운 벌레가 귀에 들어갔을 수도 있기 때문에, 확대경 등 전문적인 이비인후과 장비로 확인하는 게 좋으며, 동거인의 '내가 봤는데 아무것도 없는데?' 라는 말을 너무 신뢰하지 말라고 조언했다. 개인적으로 이 대목이 가장 마음에 들었다. 아무튼, 잘 때 귓구멍 단속 잘하고, 벌레 조심하시라.

여자 혼자 살면 무섭지 않냐고요?

••• 띵동.

"택배 왔어요!"

상냥하게 "아, 그냥 문 앞에 두고 가시면 됩니다."

사납게 "뭐요?! 당황스러운 급전개 아 씨발, 왜 문을 안 열어 줘. 재수 없게!"

'응? 뭐라고요? 씨발? 뭐지? 내 귀가 잘못됐나?'

복도에서 당황스런 쌍욕 메아리가 쩌렁쩌렁하게 울렸다. "이 아저씨 성깔 한번 더럽네. 한판 붙자는 거야 뭐야!"라고 하기엔 너무 무서워 발자국 소리가 사라지고 한참이 지난 다음에야 빼꼼 현관문을 열고 택배박스를 집 안으로 들였다. 잠정적 범죄자 취급을 당했다고 생각한 걸까. 택배기사의 억울한 심정을 모르는 바는 아니지만, 그렇다고 또 굳이 쌍욕을 날리는 건 또 뭐람. 아오, 분하다 분해. 이런 분한 감정은 시간이 지날수록 더 커진다는 특징이 있다. 찍소리 한번 못 내고 똥물을 뒤집어썼다는 사실에 분통이 터졌다. 당장이라도 해당 택배사에 전화 걸어 컴플레인을 걸고 싶지만, 우리 집 번지수까지 정확히 아는 그 택배기사를 신고하기는 역시 께름칙하다. 아, 오해하진 마시라. 대부분의 기사님들은 친절하게 응대해 주고 있으며, 나의 경험담은 저분의 돌발행동이었으리라 생각한다.

며칠 뒤, 또 다시. 띵동-.

"누구세요?"

건조하게 "전기검침이에요. 문 열어주세요."

또 낯선 남자 목소리다. 전기검침이라니. 이 집에서 수년간 살면서 전기검침 방문은 단 한 번도 없었다. 이게 바로 뉴스에서나 봤던, 바로 그런 차마 입에 담기 싫은 상황은 아닐까. 의심이 경계를 낳고, 경계는 공포를 낳고, 공포가 또 의심을 낳고, 의심이 경계를 낳고, 낳다 낳다 머릿속이 터질 지경이다.

심히 당황했지만 그렇지 않은 척 "죄송한데, 조금 이따 오시면 안 될까요?"

역시 건조하게 "네네. 알겠습니다."

현관에 귀를 대고 발자국 소리가 완전히 사라지길 기다렸다. 한참 뒤, 현관문을 음소거로 조심스럽게 열고는 한 마리 겁먹은 미어캣처럼 주택 주변을 정찰했는데, 한전마크가 새겨진 조끼를 입은 아저씨가 다른 집 벨을 누르는 모습이 보였다.

'아, 진짜 전기검침 아저씨구나. 휴~'

성실한 한전 아저씨는 두꺼비집을 꼼꼼하게 점검한 뒤, 몇 가지 안전수칙에 대한 당부의 말을 전하고 떠나셨다. 한전 아저씨한테는 죄송한 일이지만 백번 같은 상황이 와도 나의 태도에는 변함이 없을 것 같다. 방문자의 정체를 의심하는 일이 나에게도 썩 달가운 일은 아니지만, 혼자 사는 여자에게 낯선 띵동은 공포스럽기까지 하다. 웬만하면 집을 비운 척 대응을 안 하는 경우가 다반사지만, 공교롭게 TV 볼륨을 유난히 키워놓은 날에는 바짝 경계하는 수밖에 없다. 뭐 그렇게 피곤하게 사냐고 비웃지 마시라. 혼자 살면서 몸에 밴 자기방어기제니까.

낯선 남자가 방문하는 일은 아무리 오랜 시간이 흘러도 익숙해지지 않는다. 이 집에 나 혼자 산다는 사실을 아무도 몰랐으면 하는 마음으로 철저하게 은폐·엄폐하며 살고 있는데, 의도치 않게 적에게 들켜버린 기분이랄까. 원룸 구조상 현관문을 열면 집 안의 모든 상황이 단번에 노출되는 까닭에 그 흔한 치킨배달 한 번 안 시켜봤다. 하지만 일상생활을 하다 보면 불가피하게 낯선 남자가 방문하는 일이 생기곤 한다.

에어컨에 물이 샌다거나, 보일러가 갑자기 먹통이 된다거나, 수도가 새서 아랫집으로 흐르거나, 인터넷 공유기에 문제가 생기거나. 사람 부르지 않고서는 도무지 해결되지 않는 일들이 종종 발생하는데, 안타깝게도 우리나라 기사님들의 99%는 남자, 정확히 말하면 일면식 없는 낯선 남자다. **가스검침원만 유일하게 여자였다.** 아빠는 늘 현관에 남자 구두 하나쯤 갖다 두라고 하지만, 누가 봐도 여자 혼자 사는 집인데 남자 구두 하나에 속을 사람이 있을까 싶으면서도, 인상 험악한 경찰 사진을 벽에 하나 걸어둘까 하는 생각을 잠시 해 보았다. 역시 안 통하려나.

혼자 사는 여자에게 보안은 생존과도 직결되는 문제다. 번거롭더라도 외출 시에 문단속을 철저히 하며 철통보안 외길인생을 걸어왔는데, 아뿔싸! 보안이 뚫렸다. 한번은 퇴근하고 집에 들어왔는데 창문이 반쯤 열려 있는 걸 발견했다. 외부에서 누가 침입한 건가? 누구지? 변태인가? 도둑인가? 순식간에 머릿속이이 혼돈의 카오스가 됐다. 널뛰는 멘탈을 겨우 붙들고 방 안을 둘러봤는데 다행히 침입의 흔적은 보이지 않았다.

순간, 여자 동료들의 자취 괴담이 떠올랐다. 반지하에 살던 한 후배는 창밖에서 버젓이 '스스로를 위로' 중이던 남자를 본 적이 있다 했고, 다른 후배는 열린 창문 틈새로 커튼에 불을 지르려고 한 미친 방화범과 마주친 적이 있었으며, 한 여자 PD는 도둑이 대범하게 현관을 따고 침입했는데 목숨이라도 건질 요량으로 죽을힘을 다해 자는 척했다고 한다.

내가 열지 않은 창문이 열려 있다는 건 분명 나쁜 신호다. 즉시 집주인 아주머니에게 이 사실을 알렸고, 나의 안전을 최우선으로 생각하는 집주인 분께서는 아주 신속하게, 감옥 창살을 연상시키는 튼튼

한 방범창을 설치해 주었다. 허튼짓하다가 징역살이할 수도 있다는 경고의 메시지를 담은 걸까. 한결 안전해져서 마음은 편했지만 이따금 옥살이하는 기분이 든다는 게 함정이다.

사실 여자 혼자 산다는 건 꽤나 담력이 필요한 일인지도 모른다. 몇 해 전, 자정이 훌쩍 넘은 시간에 퇴근했을 때다. 막차를 타고 집 근처의 버스 정류장에 내린 나는 집을 향해 전력을 다해 걸어갔다. 대낮에는 평온하기만 한 동네골목이지만 개미 한 마리 다니지 않는 새벽시간에는 공포스러운 분위기마저 연출되기 때문이다. 그런데 분명 정류장에서는 나 혼자 내렸는데, 등 뒤에서 거친 숨소리가 들리기 시작했다. 슬쩍 뒤돌아봤더니 모르는 남자다. 어두운 골목이고 사람이라고는 둘뿐인 상황이라 여간 신경 쓰이는 게 아니었다. 최대한 무심한 척 집으로 향하고 있는데, 한 30걸음쯤 뒤에 있던 남자가 순식간에 10걸음 보폭 안으로 들어오는 게 아닌가. 혹시 같은 골목에 사는 선량한 주민일 수 있으니 과잉 반응은 하지 말아야지 생각하는 찰나, 그 새ㄲ… 아니, 그 남자가 내 몸에 손이 닿는 범위까지 다가왔다. 이어지는 날카로운 비명 소리. 물론 나다.

때마침 손에 들려 있던 장우산을 미친 듯이 휘둘러 반격했고, 당황한 그놈은 바퀴벌레처럼 재빠르게 좁은 골목 사이로 도망쳐 버렸다. 순식간에 벌어진 일이었다. 결국 경찰의 도움을 받아 동네 일대를 수색했지만, 작정하고 몸을 숨긴 놈을 찾을 방법이 없었다. 당시에는 경황이 없어 치한을 응징하지 못했다는 사실만 원통해 했는데,

오히려 시간이 지나면서 실감이 났고, 한동안 치한이 또 찾아오면 어쩌나 하는 공포에 떨어야 했다.

혼자 살면 무섭지 않냐고? 내 대답은 부정할 수 없는 '예스'다. 물론 좋은 일은 아니지만 그렇다고 죽을 만큼 나쁘지도 않다. 크고 작은 사건사고들을 겪으면서 담력에 잔근육이 붙는 게 느껴진달까. 이제 자취경력 10년이 훌쩍 넘어가니 나름 배짱도 생기고 무턱대고 겁부터 집어먹는 일도 줄어들고 있다. 여전히 오돌오돌 떨다 하정우보다 더 빨리 오돌뼈가 될 것 같은 순간이 찾아오기도 하지만, 이 또한 혼자 사는 과정이라 생각하며 혼자력을 향상시키는 중이라고 믿고 싶다.

그나저나 내 엉덩이 만지고 튄 그놈, 어디서 또 힘없는 여자들을 추행하고 다니는 건 아닐까? 혹시 나한테 장우산으로 공격당한 뒤로 버릇을 고친 건 아닐까? 아니, 어쩌면 어느 교도소에서 콩밥을 먹고 있을지도 모르겠다. 죄인은 결국 죗값을 치르게 되어 있으므로. 그것이 바로 세상의 이치. peace!

Life TIP

여자 혼자 사는 집의 깨알 보안 수칙

개인정보 유출 막는 파쇄가위 활용하기

영수증, 택배운송장 라벨을 통해 각종 개인정보가 유출되지 않도록 반드시 파쇄 후 버리는 습관이 중요하다. 몇 년 전 검찰을 사칭한 보이스피싱 전화를 받고 일주일을 떨었던 기억이 있다. 보이스피싱 예방은 개인정보를 보호하는 게 첫 단추. 영수증을 모아 은행 ATM에 가서 문서파쇄기로 한꺼번에 처리한나는 사람도 있지만, 집에 휴대용 파쇄제품을 구비하기를 추천한다. 무인양품의 핸디슈레더도 좋고, 좀 더 저렴한 3중날 파쇄가위도 꽤 쓸 만하다.

남자 기사님 방문이 꺼려진다면 여성 전용 집수리 서비스 이용하기

낯선 남성 수리기사의 방문이 부담스럽다면, 'LIKE-US 여성주택수리'와 같은 숙련된 여성 기사가 방문하는 서비스를 활용해 보자. 큰 가구 조립부터 수도꼭지, 방문 손잡이, 전등 교체 등 사소한 작업까지 도움을 받을 수 있다.

휴대폰 전화번호 즐겨찾기에 동네 지구대 번호 저장하기

급할 때는 112보다 동네 지구대가 더 신속하다. 치한을 만나 112의 도움을 받았을 때, 경찰관께서 동네 지구대 번호를 저장해 둘 것을 당부했다. 지구대로 바로 연락하면 좀 더 빠르게 경찰관의 보호를 받을 수 있으니 반드시 기억하자. 나 또한 집에서 100m 거리에는 지구대가 2개나 있는데 한 번도 눈여겨보지 않았다가 결국 큰일을 당하고서야 지구대의 소중함을 알았다. 여차하면 뛰어가서 도움을 받을 수 있게, 평소 지구대의 위치도 파악해 두자.

띵동, 바퀴벌레님이 입장했습니다

••• 늦은 밤. 현관문을 열고 집 안으로 들어서는데, 웬일인지 싸한 기운이 온몸을 휘감았다. 침입자다! 있어서는 안 될 다른 존재가 침입했음을 직감했다. 그리고 왜 슬픈 예감은 틀린 적이 없나. 현관에서 신발을 채 벗기도 전, TV 화면에 붙어 있는 정체불명의 두 검은 물체에 시선이 꽂혔다. 제발 잘못 본 것이길 간절히 바라며 두 눈을 비볐다가 다시 크게 떠 봐도, 사이즈로 보나, 실루엣으로 보나 누가 봐도 그 녀석이다. 바퀴벌레. 한 마리도 아니고, 무려 두 마리라니! 하… 그냥 못 본 걸로 하고, 현관문 조용히 닫고 그대로 나가버리고 싶은 심정이었다.

그래, 어차피 TV 교체할 시기가 됐다고 생각했는데 잘됐다고 생각하자. 이 기회에 저 두 놈이 붙어 있는 채로 통째로 뜯어다 집 밖에 내다 버리는 거다. 그럼 모든 게 해결… 이런 말도 안 되는 생각을 하며 이성을 잃어가고 있는데, 그 와중에 바퀴벌레 두 마리의 태도가 너무 태연하다. 특별히 도망칠 계획도 없어 보인다. 남의 집에 무단 침입한 주제에 뻔뻔하기 짝이 없다. 집주인을 능멸하는 것도 정도껏 했어야 했다. 하는 짓이 괘씸해서, 처음부터 그럴 생각은 아니었지만 그들을 제거하기로 결심했다. 너희는 완전히 포위됐다, 산 채로는 내 집 밖으로 못 나가리.

눈에 잘 띄는 장소에서 목격된 게 오히려 천운인지도 모른다. 어디 보이지도 않는 구석에 숨어 있었으면 평생 모르고 살 뻔했으니 말이다. 바퀴벌레를 자극하지 않기 위해 최대한 낮은 자세로 소리 없이 실행에 옮겼다. 신발장에 보관했던 바퀴벌레 퇴치 스프레이를 집어 들고 목표물을 조준하고 있는 힘껏 분사했다. 정신을 차리고 나니, TV와 그 주변 일대가 투명한 액체로 한강수를 이뤘다. 바퀴벌레가 익사한 건지 질식사한 건지 모르겠으나, 배를 뒤집은 걸 보니 죽은 게 확실해 보였다. 하지만 끝날 때까지 끝난 게 아니다. 바퀴벌레는 죽이는 것보다 사체를 처리하는 게 더 못할 짓이다. 촉감이 전혀 느껴지지 않을 정도로 키친타올을 두껍게 말아, 그대로 집어 변기물에 흘려 보는 것으로 사건을 일단락 지을 수 있었다.

정신적으로 심각한 데미지를 입은 그날을 계기로, 주택에 살면서 가장 신경 써야 할 목록의 상위권에 '바퀴벌레 퇴치'를 올렸다. 바퀴벌레 한 마리가 보이면 그 주변은 바퀴벌레 천지라는 괴담이 있던데, 엄지손가락만 한 녀석을 한 마리도 아니고 두 마리나 잡았으니,

최악의 상황을 떠올리지 않을 수가 없었다. 〈나 혼자 산다〉에서 자취생 시절의 강남이 바퀴벌레를 퇴치하기 위해 연막탄을 사용한 장면이 기억났다. 하지만, 사체를 일일이 눈으로 확인하고 치워야 한다는 게 영 내키지 않았다. 내 눈에 띄지 않는 곳에서 스스로 목숨을 끊으면 좋고, 그 자리에서 드라이아이스나 나프탈렌처럼 기체로 승화해 흔적도 없이 사라지면 더할 나위 없겠는데 말이다.

우리 동네에서 가장 규모가 큰 대형 약국을 찾아가 용하다는 약을 추천받았다. 약사님 말로는 효과로 치면 치약처럼 짜 쓰는 겔 형태만한 게 없다고 했다. 과연 그랬다. 역시 '약은 약사에게'다. 약사님의 처방에 따라 바퀴벌레의 예상 동선에 약을 쳤고, 그 뒤로 나의 집에서 바퀴벌레는 거짓말처럼 자취를 감췄다. 최소한 내 눈에 다시 띈 적은 없다. 이 정도면 노벨상감이라 해도 손색이 없다.

그날의 교훈 덕에 매년 4월 첫날, 셀프로 방역 작업하는 일은 연례행사가 되었다. 특별히 날짜를 정해 둔 건 방역은 타이밍 싸움이기 때문인데, 덥고 습해지기 전, 즉 집 안 환경이 뽀송뽀송할 때 작업해야 바퀴벌레가 창궐하는 걸 사전에 차단할 수 있다. 하루만 고생하면 1년을 걱정 없이 살 수 있으니 절대 미룰 수가 없다.

바퀴벌레 얘기가 나와서 말인데, 자취방의 위생을 위협하는 해충 가운데 일명 하트벌레라 불리는 나방파리를 언급하지 않을 수가 없겠다. 하트 모양의 날개 때문에 예쁜 별칭을 얻었지만, 유해한 수준으로 치자면 바퀴벌레와 같은 상위레벨이다. 주로 화장실에 서식하는

데, 하수구를 통해 집 안으로 유입되니 얼마나 유해한가에 대해서는 더 이상의 설명은 생략하겠다. 간혹 샤워하다 이 녀석을 목격하면 샤워기의 뜨거운 물로 지져 죽이려 시도하는 경우가 있는데, 그렇게 쉽게 죽으면 하트벌레가 아니다. 방법은 단 하나, 100℃까지 팔팔 끓인 물을 하수구에 부어주면 된다. 그 정도는 돼야 나방파리의 유충을 완벽하게 지져죽일 수 있다. 가끔씩 라면물 끓일 때, 나방파리 사멸용으로 넉넉하게 물을 올리는 방식을 택하고 있다.

이렇게 말하고 보니, '네가 무슨 해충 전문가라도 되느냐'고 하실 수 있겠으나, 오랜 자취 경험에서 나온 방법들이니 속는 셈 치고 한 번 시도해 보시라.

어쨌거나 바퀴벌레는 웬만하면 마주치지 않는 게 상책이다. 혐오스런 비주얼일수록 잔상이 오래 남기 때문이다. 누군가 자취는 벌레와의 전쟁이라고 하던데, 부디 여러분도 그 전쟁에서 승리하시길. 건투를 빈다.

내 집에서 바퀴벌레 완전 박멸하는 법

바퀴벌레 킬러 제품 구비하기

바퀴벌레가 가장 살기 싫어하는 집은 쾌적한 온도, 습도를 갖춘 집이다. 바깥 기온이 올라가기 시작했다면 이미 늦다. 더워지기 전에 방역에 서두르자. 벽에 붙이는 패치 타입, 연막탄, 겔 타입 등 다양한 형태의 제품을 써봤는데, 가장 큰 효과를 본 것은 종근당의 '쫑 제트파워로취 제로겔'과 수입제품인 독일 바이엘사의 '맥스포스겔'. 그리고 스프레이형도 하나 추가하면 좋다. 혹시 바퀴벌레가 발견되더라도 대개 약에 취해 행동이 빠르지 않으니, 스프레이를 분사해 한 방에 죽일 수 있다.

바퀴벌레 최애장소 원천봉쇄하기

바퀴벌레가 집 안으로 유입되는 통로를 원천봉쇄하는 것도 중요하다. 습기성 애자인 바퀴벌레에게 화장실 하수구 주변, 은폐·엄폐하기도 좋은 다용도실은 물론, 축축한데다 음식물까지 있는 싱크대 개수대 밑은 그야말로 최애장소다. 바퀴벌레가 출몰하는 핫스팟이기 때문에 싱크대 밑은 특별히 방역에 신경 써야 한다. 바퀴벌레 같은 더듬이 달린 벌레들은 더듬이로 모서리를 따라 다니는 습성이 있기 때문에, 구석구석 모서리도 각별히 챙기자.

택배박스는 바로바로 분리수거하기

현관 밖에 있던 택배박스를 집 안으로 들일 때 바퀴벌레가 숨어 있을 확률이 높기 때문에, 물건만 꺼내고 분리수거하여 신속히 처분하길 추천한다. 또 집 안에 택배박스가 쌓여 있으면 몸 숨기기 좋아하는 바퀴벌레가 은신처로 사용할 수 있으니 주의하자.

반려묘 대신 반려식물

••• 한때, 식물의 저승사자로 통하던 때가 있었다. 꽤나 과격한 별명이긴 하지만, 은유나 과장이 아니라 애석하게도 팩트 폭행에 가깝다. 결코 의도한 바는 아니었지만, 앞길이 창창해 보였던 젊은 식물들이 우리 집만 오면 그렇게 죽어나갔다. 내 손을 거치면 명이 단축되는 안타까운 일들이 벌어진 거다. 수개월에 걸쳐 여러 식물들의 장례를 치르고 난 후, 식물의 저승사자라는 불명예스런 별명이 얻게 되었다.

시작은 이랬다. 혼자 살다 보면 환기에 소극적일 수밖에 없다. 창문을 활짝 열고 묵은 공기 있던 자리를 신선한 공기로 채우고는 싶지만, 그러다 보면 필연적으로 집 밖에서 안이 훤히 들여다보일 수밖에 없다. 집 안 공기가 탁해지는 건 싫지만 사생활이 노출되는 건 더 싫다. 웬만해선 창문 여는 일이 없으니 자연히 집 안의 공기상태가 심히 걱정됐다. 그런 와중에, 미세먼지 제거에 좋다는 공기정화 식물을 알게 되었다.

처음 그 애를 만난 건 이마트의 한구석에서였다. 모나지 않은 둥글둥글한 외모, 짙은 초록색에 유난히 건강미가 넘쳤던 그 애 이름은 고무나무라 했다. 성격이 까탈스럽지 않다는 점원 분의 말에 그 길로 집에 데려왔다. 처음 우리 관계는 순조로웠다. 목마르지 않게 물도 충분히 주고, 우유로 잎도 닦아주며 외모 관리도 게을리하지 않았다. 그런데 나의 노력이 무색하게 고무나무는 하루가 다르게 허약해졌고, 짙은 초록잎이 연두색이 되어갈 즈음, 특단의 조치가 필요했다.

인도 출신 고무나무에게 해가 잘 들지 않는 우리 집 환경은 가혹했을 수도 있다. 출근하기 전 고무나무가 뜨거운 햇빛 아래 종일 일광욕을 할 수 있도록 옥상에 올려두었다. 그날 저녁, 고무나무를 집 안에 들이려고 옥상에 올라간 순간, 눈앞에 펼쳐진 아찔한 광경에 정신이 혼미해졌다.

고무나무님이 사망하셨습니다. 맙소사. 나 없는 사이 마른하늘에서 벼락이라도 떨어졌나. 누가 불에 태우기라도 한 것처럼 이파리들이 까맣게 변색돼 있었다. 나중에 안 사실이지만, 고무나무는 직사광선에 취약해 실내에서 간접적으로 빛을 쐬어주며 키워야 한단다.

그렇게 고무나무가 무지개다리를 건넌 뒤, 죄책감을 만회하고자 웬만해서는 죽지 않는다는 불멸의 식물, 스투키를 입양했다. 초보자들이 키우기에 적합한 세상 수더분한 아이라 했다. 화원 사장님 말로는 식물이 일찍 생을 마감하는 원인은 대개 과습이므로 절대 물을 자주 주지 말라고 당부했다. 다른 건 몰라도 그거 하나는 자신 있었다. 물 한 번 주면 한 달은 나 몰라라 해도 스스로 잘 자란다는 점이 마음에 들었다. 게으른 사람이 오히려 더 잘 키우는 식물이 있다면, 그게 바로 스투키라 했다. 그랬다. 분명 그랬는데,

스투키님이 사망하셨습니다. 짙은 초록색의 통통한 잎이 노랗게 탈색되더니, 급기야 쇠꼬챙이처럼 말라비틀어져 얼마 뒤 그 자리에서 생을 달리하고 말았다. 원인을 찾아보니 이번엔 통풍이 문제였다. 한 달에 한 번 물을 주더라도 바람 잘 들어오는 통풍 좋은 곳에 둬야지, 그렇지 않으면 뿌리가 마르지 않아 썩어버린다는 거다.

그 후로도 무슨 오기인지 계속해서 식물을 사들였고, 키우는 족족 죽어나갔다. 아레카 야자와 드라코의 장례를 마지막으로 나는 명실상부 식물의 저승사자가 되었고, 내 손으로 보낸 죄 없는 식물들에 대한 자책감에 심리적으로 위축되어 갔다. 그렇게 한참의 슬럼프를 보내며 다시는 식물을 키우지 않으리라 마음먹었다. 분명 그랬는데, 역시 인간은 망각의 동물.

여리여리한 가지가 인상적인 이태리 출신의 올리브 나무를 만나게 됐다. 짧지 않은 자숙기간을 거친 뒤라 그런지, 같은 실수를 반복하지 않을 것 같은 자신감이 생겼던 모양이다. 다행히 올리브 나무는 수개월째 이파리 하나 떨어지지 않고 잘 자라고 있으며, 그 여세를

몰아 만세 선인장과 털복숭이 꼬마 선인장도 집에 들였는데, 처음 모습 그대로 잘 버텨주고 있다.

다수의 시행착오 끝에 알게 된 사실 세 가지. 물 부족보다 위험한 건 과습, 직사광선보다는 창가를 통해 들어오는 간접 햇빛이 좋으며, 바람 살랑살랑 부는 정도의 통풍은 필수라는 것이다. 처음에는 그저 공기정화용 식물에 지나지 않았는데, 단지 더는 죽이지 않겠다는 일념으로 관심을 좀 더 기울였을 뿐인데, 그러다 보니 나도 모르게 정이 붙어버렸다. 이제는 반려식물이라 해도 이상하지 않을 정도로 관계가 발전되어 가고 있다.

자취를 시작하기 전만 해도, 혼자 살게 되면 개나 고양이를 반려동물로 키우고 싶다는 생각을 했다. 한강공원에서 강아지 산책시키는 나의 모습을 떠올려 보기도 했으나, 본격적으로 자취를 하면서는 뭔가를 키우겠다는 생각을 깔끔하게 접었다. 나 하나 건사하기도 힘든데 다른 무언가를 먹이고 씻기고 똥을 치우는 건 예사의 애정으로 되는 일이 아니란 걸 잘 안다.

어릴 때 살던 아파트 골목에 유독 무리지어 다니던 유기견들이 많았다. 녀석들은 늘 내 발목을 물어뜯고 싶어 안달이 난 것처럼 송곳니를 드러내며 으르렁댔고, 등굣길마다 생명의 위협을 느낀 나는 그들을 피해 다니는 게 일이었다. 그때는 공포와 혐오의 대상이었는데, 지금 생각해 보면 그 녀석들이 날 때부터 길바닥 생활을 전전했던 건 분명 아니었을 거다. 한때는 제 집에서 사랑받는 존재가 아니었겠냔

말이다. 반려묘든 반려견이든, 끝까지 키울 자신 없는 사람들은 애초에 시작의 기회를 주지 않는 게 낫다.

어쨌든 다시 반려식물 얘기로 돌아와서. 혼자 사는 집에 살아 숨쉬는 생명체라곤 나 하나가 유일했는데, 이제는 반려식물 여섯 친구와 함께 살고 있다. 반려묘 혹은 반려견보다 반려식물이 좋은 이유를 대라면 끝도 없다. 집 안을 더럽히지도 않고, 나를 귀찮게 하지도 않으며, 식량을 축내지도 않는다. 먹는 거라곤 공짜 아리수밖에 없는 세상 소박한 아이들이다. 이 말인즉, 나처럼 희생이라곤 모르는 사람이 감당하기에도 충분하다는 뜻이다.

그나저나 강아지 한 마리도 키울 자신 없는 나와는 반대로, 우리 엄마는 말도 안 듣는 개성 강한 4남매를 한 명의 낙오자 없이 끝까지 키워냈다. 그 사실만으로도 엄마가 새삼 존경스러워진다.

Life TIP

댕댕이 대신 반려식물! 똥망손도 키우는 난이도 하 공기정화 식물

웬만해서는 죽지 않는 용신목

초보자에게는 역시 선인장이 최고다. 꽃집에 가면 귀여운 밀짚모자를 쓰고 한 손으로 인사하는 듯한 모양새를 한 선인장이 바로 용신목. 흙의 건조에 강해 물 주는 걸 잘 까먹는 게으른 사람도 키우기 쉽다. 단, 몸통 끝이 진한 녹색이 되면 생장점이 열리는 시기이므로 모자를 잠시 벗겨줘야 한단다. 용신목은 팔이 없는 제품일수록 저렴하니 구입 시 참고하도록 하자.

이 느낌 발리, 사람 설레게 하는 셀렘

인스타그램에서 활동하는 식물집사님이 DM으로 추천해 준 품종으로, 종 자체가 튼튼한 체질이라 초보자가 키우기 쉽다고 한다. <나 혼자 산다>에서 박나래의 발리 인테리어 편에 극락조와 함께 등장해 인기를 얻기도 했다. (박나래가 설렘이라고 언급했으나 정확히는 셀렘) 이국적인 분위기 연출에도 좋고, 포름알데히드를 제거하고 음이온까지 나온다니 놀랍다.

카페 분위기 연출하고 싶다면 몬스테라

역시 식물집사님이 추천해 준 품종. 강한 생명력으로 쉽게 죽지 않아 초보자용으로 좋다고 한다. 통풍과 햇빛 관리만 잘하면 되는데, 수경재배도 가능하다는 게 특징. 잎 하나를 잘라 화병에 하나 꽂으면 그 자체로 훌륭한 인테리어가 되어 카페 분위기를 연출할 수 있다.

맙소사, 온수가 끊겼다

••• 수년 전 유난히 추웠던 한겨울의 아침 이야기다. 세수하려고 화장실에서 물을 틀었는데 아뿔싸. 온수가. 끊겼다. 수도꼭지를 이리저리 움직여 봐도 냉수는 콸콸 나오는데 온수에서는 쐐-하고 바람 통하는 소리만이 나올 뿐이었다. 순간, 거친 생각과 불안한 눈빛과 그걸 지켜보는 나. 그때 나의 후두엽을 강타하는 장면 하나가 떠올랐다.

[기온이 영하 5℃ 이하로 떨어지면 온수를 약간 틀어놓으세요.] 우리 집 현관문에 붙여뒀던 그 포스트잇! 며칠 전 주인집 아주머니가 붙여 놓고 간 그 메시지가 그제야 떠올랐다. 웬만해선 영하로 떨어지지 않는 따뜻한 부산에서 20년간 아파트 생활만 해 본지라, 영하 10℃ 정도는 우스운 서울의 주택살이는 알아야 할 게 많았다.

그날은 영하 10℃의 강추위였고, 우리 집 수도관은 야무지게 얼었고, 기다려도 온수는 나올 기미가 보이지 않았고, 그렇게 나는 냄비에 물을 올렸고, 끓인 물에 냉수를 섞어 온도를 맞춰가며 겨우 씻고 출근을 했다.

영하의 날씨였지만 다행히 해는 쨍쨍했다. 이 정도 일조량이면 얼어붙은 보일러 배관을 녹이기 충분해 보였고, 이 무슨 근거 없는 확신인지. 퇴근하고 뜨거운 온수에 샤워할 생각을 하며 일을 하고 있는데, 모르는 번호로 전화가 걸려왔다. 하- 왜 슬픈 예감은 틀린 적이 없나.

동네 슈퍼 사장님의 다급한 목소리.

"아가씨네 집 보일러가 터졌어! 얼른 와! 온 동네 물바다 됐어!"

급하게 택시를 잡아타고 집으로 날아갔고, 사장님의 워딩에는 과장이 일절 없었다는 걸 눈으로 확인했다. 우리 집 보일러는 주택 건물 밖에 설치돼 있었는데, 터진 배관에서 물이 분수처럼 뿜어져 나와 골목은 장마철 물난리를 방불케 했고, 동네 주민들은 삼삼오오 모여 그 장관을 목격하고 있었다. 아, 멘붕은 이럴 때 쓰라고 만든 말이구나. 울고 싶었다, 정말. 급하게 설비업체에 연락해 보일러 문제는 수습을 했지만, 그 사이 골목길은 한겨울 추위에 이미 빙판이 되어 있었다. 이거 뭐 스케이트라도 타야 하나.

기사님 말로는 배관이 얼었을 때 바로 녹였어야 하는데 그대로 방치한 덕에 관이 팽창하다 못 견디고 터져버렸다는 거다. 호미로 막을 걸 가래로 막았다. 아침에 온수가 언 걸 알았을 때 바로 기사님을 호출했더라면, 아니 전날 밤에 온수를 살짝 틀어놨더라면 아무 일도 벌어지지 않았을 것을, 온 동네를 쑥대밭으로 만들어놓고야 깨닫는 나란 사람.

다행히 비용은 집주인 분께서 해결해 주셨다. 초범이고 보일러 연식이 오래된 부분을 정상참작하여 기꺼이 내주신 거다. 그때는 제대로 말 못했는데, 이 자리를 빌려 감사인사 드립니다. 사람이 보통 이렇게 큰일을 겪으면 다시는 같은 실수를 반복하지 않지만, 그 뒤로도 기사님은 우리 집에 심심치 않게 호출당하셨고, 나는 겨울 내내 언 배관을 녹이는 데 적지 않은 돈을 지불해야 했다. 서울의 겨울은 왜 이리 긴 것인가.

처음에 기사님께 혹시나 하고 '이런 비용은 집주인이 안 내주나요' 하고 여쭤 봤을 때, '네 실수이니, 이럴 때 네가 내는 거란다'라며 솔로몬이 되어 주셨다. 역시 현명하시다. 인정! 집주인은 분명히 영하 5℃ 이하의 날씨에는 온수를 살짝 틀어놓으라고 말했으니, 나의 실수가 명백하다. 처음부터 비용을 치르지 않고 척척 해 나가면 좋겠지만, 허술함투성이인 나는 피 같은 돈을 지불하면서 집을 관리하는 법을 익혀나간다. 그 덕에 이제는 뭐 거의 자동이다. 겨울에 좀 춥다 싶으면 기온에 상관없이 온수 몇 방울을 흐르게 하고 잔다.

솔직히 고백하자면, 한여름에 전기가 끊긴 적도 있다. 부끄럽다. 집 스스로가 전기며 가스며 자가발전하는 걸로 알았던 걸까. 한밤중에 퇴근하고 들어왔는데 전등에 불이 들어오지 않았고, 냉장고는 가동을 멈춘 채 식재료들을 발효숙성시키고 있었고, 엄마가 보내 준 김치는 묵은지가 될 판이었다. 그러고 보면 한전도 참 야박하다. 예고도 없이 전기를 끊어버리다니. 요금 밀린 주제에 무슨 큰소리냐. 네 맞습니다. 괜히 한번 질러 봤어요. 자동이체라는 아주 간편한 방법이 있는데도 무슨 고집인지 꼬박꼬박 지로로 요금을 내다 밀린 탓이다.

이런 위급한 상황에서 비빌 언덕은 엄빠뿐. 지금 전기가 끊겨 딸다 죽게 생겼다고 SOS를 쳤더니, 전기요금 지로에 있는 계좌번호로 연체료까지 포함해서 밀린 요금을 입금해 주었다. 잠시 뒤. 놀랍게도 냉장고에서 모터 돌아가는 소리가 들리고 방 안의 전등도 불이 들어왔다. 이렇게나 빠른 처리 속도라니. 역시 돈이면 다 되는구나. 자본주의 만세다.

몇 번의 여름과 겨울을 버티면서 의도치 않게 나의 혼자력은 꾸준히 향상되고 있다. 형광등이 수명을 다해 교체해야 할 때도, 잘 돌아가던 에어컨이 갑자기 작동이 안 될 때도, 변기물이 시원하게 내려가지 않을 때도, 보일러 버튼이 깜빡이며 온수가 나오지 않을 때도 당황하지 않고 웬만하면 혼자 해결하려고 노력한다. 이렇게 하찮은 능력들이 하나씩 쌓여갈 때마다, 집관리사 자격시험이 있다면 합격할지도 모르겠다며 조심스레 거만을 떨어본다.

그나저나, 요즘 화장실 하수구에 물 내려가는 게 시원찮은데 어째야 하나. 사람 불러야 하나. 아… 역시 아직 거만 떨 때는 아닌 걸로.

Life TIP

겨울철 난방비 절약하는 가장 확실한 방법

나이가 어떻게 되나? 보일러 나이 점검하기

보일러의 최대 수명은 10년이라는 게 전문가들의 의견이다. 10년이 넘어간 보일러는 효율이 85% 이하로 떨어지기 때문에 집주인에게 반드시 교체해 줄 것을 요구하자. 열효율이 100%일 때 한 달에 20만 원의 난방비가 나왔다면, 열효율이 85%로 떨어지면 한 달에 17만 원이 더 부가될 정도. 새 보일러일수록 집은 더 따뜻하고 난방비는 더 적게 나온다는 사실을 기억하자. 본인도 오래된 보일러를 교체한 뒤로 난방비가 2~3만 원 적게 나오는 걸 경험했다.

가장 돈 적게 나오는 적정 온도 유지

실내온도를 1℃만 낮춰도 총 난방비의 7%가 절약되는 효과를 볼 수 있다. 또 난방수 온도를 75℃ 정도의 고온으로 설정하면 난방효과를 1.5배 높일 수 있다고 한다. 보일러를 낮은 온도로 시작해서 고온으로 올리면 난방수 끓이느라 가스가 배로 들기 때문에, 고온에서 낮은 온도로 떨어뜨리는 게 난방비를 절약하는 방법이다.

외출이 그 외출이 아니다? 외출모드 제대로 활용하기

외출모드의 함정에 속지 마시라. 마트 갈 때, 운동 다녀올 때 등 이렇게 잠깐 외출할 때 쓰라고 만든 버튼이 아니다. 외출모드는 동파방지 기능을 위한 것으로, 집 안 온도가 5℃ 이하로 떨어지지 않으면 가동되지 않는다. 고로, 보일러를 꺼둔 것과 마찬가지! 집을 2~3일 비워둘 때 외출모드, 출근 등 7~8시간 정도 집을 비운다면, 17℃로 유지하는 게 좋다.

돈 새는 틈 막아 외풍 차단하기

창문 틈, 현관문 틈, 베란다 틈에서 들어오는 외풍을 잡는 건 난방비 다이어트의 핵심이다. 외풍만 차단해도 열손실의 30%를 줄일 수 있다고 한다. 다이소에서 각종 창틈막이 제품들을 저렴한 가격에 구입할 수 있다.

혼자의 주말을 보내는 법

　••• 아무런 약속도, 특별히 처리해야 할 회사업무도 없는, 황금 같은 24시간이 생겼다. 자고로 주말 아침은 늘어지게 늦잠 한판 자고 시작하는 게 매너다. 느지막이 몸을 일으켜 나를 씻긴다. 문명인에게 양치질은 필수, 하지만 물 절약 차원에서 세수와 머리 감기는 가볍게 패스하도록 한다. 벙거지 모자 하나 푹 눌러쓰고, 지갑에는 현금 만 원 한 장을 챙기고 고속터미널로 향한다.

　낮 12시면 영업이 종료되는 고속터미널 꽃도매시장은 11시쯤 도착하는 걸 추천한다. 참고로, 일요일은 영업을 하지 않는다. 마감임박 시간이라 팔다 남은 싱싱한 제철 생화를 말도 안 되는 저렴한 가격으로 살 수 있기 때문이다. 그렇다. 역시 쇼핑은 파격할인이 제맛이다. 튤립 5,000원, 해바라기 3,000원, 유칼립투스를 2,000원에 구입하는 것으로 만 원 예산을 꽉 채웠다. 일주일간 지출한 돈 가운데 가장 만족도가 높은 만 원이다. 신문지로 무심하게 포장한 꽃다발을 양손 가득 들고는 당장 집으로 달려가고 싶어 발을 동동 구른다.

유리 꽃병 사이즈에 맞춰 원예가위로 길이를 정리하고는, 일부는 침대 머리맡 수납장에 또 일부는 식탁 겸 책상 겸 다용도 테이블에 꽂아두었다. 삭막했던 우리 집이 꽃 하나로 분위기 대반전이다. 화사하게 생기가 돈다. 화장 전후 버전의 '같은 얼굴 다른 느낌'이라면 이해하기 쉬우려나. 생화는 매일 깨끗한 물로 갈아주는 노력만으로도 최소 다음 주말까지 생기를 유지한다. 여기에 한 번 끓였다 식힌 물을 사용하면 더 좋고, 물을 더 잘 빨아들이라고 줄기 끝을 사선으로 잘라주면 더 좋고, 꽃병에 락스 한 방울을 떨어뜨려 주면 박테리아가 증식되는 걸 막아서 잘 썩지 않게 된다고 꽃집 사장님이 귀띔해 주었다. 역시 짬에서 나오는 지식은 어떤 교보재보다 뛰어나다. 굳게 닫혀 있던 방 안의 큰 창문도 활짝 개방해 본다. 평일에는 출근하면서 단단하게 걸어 잠그던 창문이지만 집에 머무는 주말이면 하루 종일 빗장을 풀어둔다. 퀴퀴한 공기가 머물렀던 자리를 상쾌한 공기가 차지한다. 향 짙은 디퓨저로 대충 뭉개고 덧칠했던 방 안 냄새를 환기로 산뜻하게 정화시켜준다. 고가의 호텔식 고급향 디퓨저도 자연산 공기의 프레시향에 비하면 댈 것도 아니다.

냉장고 문을 열어 식재료들을 스캔한다. 양파와 오이가 보인다. 찬장에 쌓여있던 참치캔을 꺼내 양파와 오이를 다져넣고 마요네즈를 쭉 짜며 특별할 것 없지만 내 나름의 창의력을 발휘해 본다. 어머나, 순식간에 참치샐러드가 완성됐네. 작은 락앤락 통에 한가득 담아두는 걸로 다음 주 일주일치 반찬 걱정을 덜었다. 햇반 위에 올려 덮밥으로 먹어도 좋고, 식빵에 치즈 한 장 깔고 샌드위치로 먹어도 좋고, 이도 저도 아니면 그냥 샐러드로 먹어도 괜찮은 만능반찬이 탄생했다.

이렇게 알차게 보냈는데 아직도 시간이 남았네? 황금 주말의 마지막 코스는 대개 홈케어다. 매일 아침 10분 만에 급하게 샤워하고 출근시켰던 나에게 베푸는 호사랄까. 두피에 각종 허브를 갈아 만든 스케일링 전용팩을 바르고, 머리칼에는 찰랑이는 머릿결을 보장한다는 리치한 타입의 헤어팩을 듬뿍 바르고 비닐캡을 씌워준다. 그다음 스크럽제로 묵은 각질을 제거하며 꼼꼼하게 샤워한다. 아, 보들보들하다. 파리가 미끄러질 판이다. 근데 왜 하필 파리지? 보습력 좋은 바디전용 로션과 꿈치 전용 제품을 관절마다 듬뿍 바르고, 피부가 촉촉한 틈을 타말랑말랑해진 손발톱을 가지런히 자른 후 오일 한 방울로 영양을 더해준다. 거울을 보니 미모가 0.1% 정도 향상된 느낌이다.

약속 없는 주말이라도 외로움이나 심심함 따위가 감히 파고들 틈이 없다. 혼자의 주말을 보내는 루틴은 다음 한 주의 평일로 연착륙시켜주는 일종의 의식 같은 거다. 주말이 종료되는 안타까운 순간이 임박해 오면 늘 불안과 초조로 무기력하게 시곗바늘만 바라볼 뿐이었는데, 이제는 월요병이 끼어들 엄두를 못 내는 지경에 이르렀달까… 라고 자신 있게 말하고 싶지만. 그래도 여전히 평일보다는 주말이 백만 배쯤 좋은 게 사실이고, 월요병을 못 본 척 애써 외면하려는 한 직장인의 발악에 불과하다는 게 더 솔직한 자기고백이 되려나.

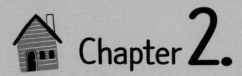

Chapter 2.

도전해 보기,
미니멀

혼자 사는 작은 집
넓게 쓰는 법

••• 내 집은 왜 이렇게 어수선한가의 문제는 늘 풀리지 않는 수수께끼로 남아 있었다. 역시 원룸이라 공간분리가 되지 않아서 그렇다고 단정 짓기에는, 모델하우스 같은 원룸에 사는 자취생들이 SNS에 한 트럭이다. 보란 듯이 차고 넘친다. 이런 논리라면 방 3개짜리 집에 살아도 나의 사정이 크게 달라지지 않을 게 확실하다. 분명 청소를 한다고 했는데, 청소기도 돌리고 물걸레질까지 했는데도 집 안이 쑥대밭으로 보이는 건, 주거공간의 크기 문제가 아니라는 결론을 내렸다.

정리정돈과 인연이 없는 한 친구가 정신없이 출근하는 통에 문을 반쯤 열어두고 나간 적이 있는데, 의도치 않게 집 안을 목격하게 된 경비 아저씨가 집에 도둑이 든 것 같다며 연락한 적이 있다고 했다. 쓰레기통을 연상시킨 인테리어에 집 안이 털린 줄 아셨던 모양이다. 남 얘기인 듯하고 있지만, 나 역시 도둑맞은 직후의 비주얼을 자랑하는 집에서 살아왔음을 고백한다.

솔직히 '#미니멀리즘'으로 검색되는 인테리어 사진을 보면, 감탄보다는 불신부터 앞섰다. 분명 프레임 밖의 공간에 잡다한 짐들을 숨겨두고 사진만 그럴싸하게 찍었을 것이라 확신했다. 얼마 전 미니멀리즘 라이프를 주제로 한 강연을 들은 적 있는데, 사람들이 가장 많이 하는 의심 중 하나가 사진 밖의 공간에 대한 부분이었다고 한다. 역시 사람 생각은 다 거기서 거기다. 왜냐하면, 나의 상식으로 사람이 생활하는 공간이 그렇게 군더더기 없이 정갈하다는 게 불가능해 보였기 때문이다. 그런데, 나의 의지와 상관없이라고 말하기엔 알고리즘이 나를 여기로 이끈 걸 보니 의지가 보통 강한 게 아니었나 보다. SNS만 열면 나오는 미니멀리즘 어택에, 감출 수 없는 부러움, 나도 미니멀하게 살아보고 싶다는 도전을 받고야 말았다. 부러우면 지는 거라더니, 지는 정도가 아니라 무참히 패배했다. 그래, 까짓것. 나라고 못할 건 뭐람.

유튜브를 통해 미니멀리즘 선배들의 조언을 구해 보기로 했다. 그들은 하나같이 미니멀리즘의 첫걸음은 '버리기'라 했다. 쓰지 않는 물건들은 뒤도 돌아보지 말고 종량제봉투에 넣으라는 건데, 말이 쉽지 생각만큼 큰 소득이 없었다. 나름대로 과감하게 버린다고 버렸는데 숨은 그림 찾기처럼 눈 크게 뜨고 자세히 보아야 차이를 알 만한 수준이었다. 몇 번의 시행착오 끝에 얻은 결론은 버리는 행위 전에, 먼저 '무쓸모'한 품목부터 파악해야 한다는 것이다. 순서가 잘못됐으니 성과가 없을 수밖에.

다음은 혼자 사는 여자 집에 주로 쌓여있는 '무쓸모 목록'이다.

1. 엄마의 빛바랜 밀폐용기

혼자 사는 딸 혹시 굶어 죽을까 봐, 엄마는 김치며 반찬들을 밀폐용기에 꾹꾹 눌러 담아 택배로 담아 보내주신다. 싱크대 수납장을 열어보니 모든 사이즈의 락앤락 용기들이 고이 잠들어 있다. 엄마의 정성이 깃들어 있어 버리지 못하고 차곡차곡 쌓아뒀지만, 대부분이 재사용된 적 없이 수납공간만 차지하고 있을 뿐이다. 락앤락을 보면 엄마의 마음이 느껴지는 건 사실이지만 락앤락이 엄마는 아니다. 또, 오래된 밀폐용기는 누렇게 착색이 되거나 세균오염의 위험이 있으니 미련 없이 버리도록 하자.

2. 유효기한 지난 오래된 화장품

메이크업에 크게 관심이 없는 나와 같은 여자의 화장대일지라도 수납공간은 늘 부족하다. 스모키 메이크업이 한창 유행할 때 바르지도 못할 걸 알면서 일단 사고 본 블랙펄 아이섀도, 한 번 발라보고 어울리지 않아 개봉 직후 묵혀둔 아이라이너, 유행이 지나 절반쯤 바르다 멈춰버린 립스틱까지. 더 이상 쓰임 받지 못하는 화장품들이 수두룩하기 때문이다. 왠지 언젠가 다시 유행이 올 것 같아 모셔두긴 하지만, 두 번 다시 쓰일 일 없음을 우리는 잘 알고 있다. 유효기간 지난 화장품은 세균 덩어리일 뿐, 그 이상 이하도 아니다. 그들에게 미련 갖지 말자.

3. 낡고 못생겨진 팬티와 브라

희한하게 잘 안 버려지게 된다. 세탁하고 건조된 빨래를 개킬 때, 버릴까 말까 백번씩 고민하다 집에 있을 때 입으면 된다고 자신을 타이르며 결국 곱게 접어 서랍에 넣게 된다. 그래서 늘 속옷 서랍은 신구의 만남으로 공간이 미어터진다. 새 속옷은 계속 사면서 낡은 속옷은 버리지 않으니 늘 만원이다. 그런데 그거 아시는가. 팬티의 수명은 3개월, 브라의 수명은 6개월이란다. 속옷에 수명이 있는 줄 최근에 알았다. 속옷 전문가들의 말로는 형태에 변형이 왔다 싶으면 사망한 거라 했다. 제 기능을 다한 속옷은 그만 놓아주자. 그래도 주저된다면, 깜박하고 낡은 속옷 입고 찜질방 갔을 때의 기억을 떠올려 보시라. 안 버리고는 못 배긴다.

4. 먼지 닦기도 힘든 예쁜 쓰레기

홍대나 연남동, 가로수길, 경리단길이 위험한 이유는 예쁜 쓰레기들의 유혹에 늘 지기 때문이다. 그 동네만 갔다 오면 희한하게 장식품을 하나씩 집어오게 된다. 좌판에서 파는 귀여운 석고 방향제, 말린 꽃으로 만든 작은 장식은 그렇다 치고, 평소 액세서리는 하지도 않는 사람이 반지와 팔찌는 또 왜 산 걸까. 예쁜 쓰레기들은 먼지가 잘 쌓인다는 특징이 있다. 처음 샀을 때 빼고는 눈길 한 번 주지 않으니 먼지가 잔뜩 앉고 나서야 존재를 드러낼 수밖에. 심지어 먼지 닦기도 힘들게 생긴 게 대다수다. 그럴 때는 폐기처분 하는 게 상책이다.

5. 대책 없이 쌓인 돼지저금통

외출하고 돌아오면 주머니에 동전이 잔뜩 쌓일 때가 있다. 집에 한번 들어온 동전이 밖으로 나가는 일은 웬만해서는 벌어지지 않는다. 일단 돼지저금통에 넣어두는데 10년 치가 쌓이다 보니 저금통만 3개가 됐다. 대책 없이 모아두기만 한 결과다. 옷장 위, 신발장 위, TV 수납장 위에 제각각의 모양으로 저금통이 놓여있는 게 보인다. 이 말인 즉, 저금통만 치워도 세 가구의 윗면이 상당히 미니멀해질 수 있다는 얘기다. 당장 돈통을 털어 지퍼락 봉투에 담아봤더니 꽤 묵직하다. 다음 날 돈자루를 짊어지고 은행에 가서 금액을 확인하고는 그 자리에서 계좌로 입금 처리했다. 참고로 우리은행의 경우 매주 화요일에만 동전 분류 업무를 하고 있다. 반드시 은행에 확인하고 허탕치는 일이 없도록 하자.

6. 잘 분류된 재활용 쓰레기함

간혹 집에 'CAN, PAPER, PET'라고 쓰인 재활용 쓰레기함을 두는 경우가 있다. 집 안을 통째로 분리수거함으로 만드는 지름길이다. 집 안에서 분리할 생각하지 말고, 그날 생긴 재활용 쓰레기는 그날 버리도록 하자. 라면 스프 봉지 하나까지 물에 씻어다가 햇볕에 말려 거실에서 분리수거하는 큰언니의 집에 가보면, 눈물이 앞을 가릴 때가 있다. 재활용 쓰레기도 결국 쓰레기다. 위생적으로 버리는 것도 좋지만 집 안에 쌓아두지 말자.

7. 1번부터 6번까지 반복하기

한다고 했는데도 티가 안 난다면, 이 순서대로 여러 차례 반복해보도록 하자. 솔직히 처음부터 결단력을 발휘한다는 게 말처럼 쉽지 않았다. 돈으로 환산하게 되고 본전 생각이 나서 버리는 일에 소심해진다. 구차하게 아직 버리면 안 되는 이유를 쥐어짜내기도 한다.

버리는 습관을 들이면서 드는 생각은, 우리 집에 있는지 없는지도 몰랐던 존재감 없는 물건들이 수두룩했다는 것, 또 한 사람이 생활하는 데 필요한 물건은 생각보다 많지 않다는 것이다. 버리는 게 습관이 되니 물건을 사는 것도 신중해진다. 어차피 버려질 물건이라는 생각이 들면 역시 지갑 열기가 망설여진다. 과연 이 물건이 없으면 생활하는 데 지장이 생길까, 비슷한 물건이 이미 있지는 않을까, 한 번 더 숙고하게 된다.

이렇게 말하고 보니 대단한 미니멀리즘 인테리어라도 완성했나 싶겠지만, 실상은 전혀 그렇지 않다. 무려 100ℓ 용량의 종량제봉투 몇 개를 버리고 나서야, 겨우 버린 티가 슬슬 나기 시작했을 뿐이니까. 미니멀리즘에 시작은 있어도 끝은 없다. 아무래도 나는, 이미 돌아올 수 없는 강을 이미 건넌 것 같다. 확실히.

어쩌다 플라스틱제로 라이프

••• 확실히 밝혀 두지만, 나는 대단히 의식 있는 환경 운동가도 아니고 녹색연합 회원은 더더욱 아니다. 그저 집이 좀 좁다고 생각했고 안 그래도 작은 집에 쓰레기를 쌓아두기 싫었을 뿐이다.

시작은 이랬다. 큰맘먹고 싱크대 청소를 하려고 수납장을 열었는데 나무젓가락, 일회용 숟가락, 빨대 무더기가 발견됐다. 식당에서 음식을 포장해 오거나 혹은 편의점에서 컵라면 사면서 몇 개씩 집어 온 것들이 몇 년 치가 쌓여 무덤이 된 거다. 여기서 무덤이라는 표현은 아주 적확하다. 단 한 번도 쓰임 받지 못하고 죽은 채 있었으니까.

다람쥐가 도토리 모으듯 혹시 모를 비상사태를 대비해서 쟁여둔 것들이었다. 예상했던 비상사태가 수년간 한 번도 일어난 적 없으니 미련 없이 처분해야 맞는데, 버리자니 아깝고 놔두자니 수납공간이 부족하고. 진퇴양난의 위기. 결단이 필요한 순간이었다. 에라 모르겠다. 과감하게 버리는 걸로.

깨끗하게 비워진 수납장에서는 수저통에 들쑥날쑥 꽂혀있던 주방용품들이 일사불란하게 자리를 찾아갔다. 산만했던 싱크대는 한결 보기 좋아졌다. 미니멀리즘에 한발 더 가까워진 기분에 흐뭇해하고 있는데 희한하게도 개운하지 못한 쓴맛이 동시에 느껴졌다. 플라스틱 쓰레기를 왕창 버린 데 대한 일말의 죄책감 때문일까.

솔직히 싱크대 상부장에서는 어디에 쓰려고 그렇게 모았는지 슈퍼에서 물건 사며 받은 비닐이 한 만 개쯤 거의 만 개에 가까워 보였다 발굴됐는데, 일회용 숟가락들과 함께 분리수거함에 버려졌다. 덕분에 싱크대의 공간은 한결 넓어졌으나 한꺼번에 처분한 재활용 쓰레기들의 행방이 문득 궁금해졌다.

분리수거함에는 분명 비닐류칸, 플라스틱류칸이 구분돼 있다. 제대로 분리배출만 하면 다른 물건으로 전부 환생하는 줄만 알았다. 그런데, 재활용되지 않은 플라스틱이 91%에 달하고, 내가 버린 비닐 한 장이 썩는데 100년, 플라스틱 숟가락은 500년이나 걸린다는 사실을 뒤늦게 알게 되었다. 당신은 지금 환경파괴범이 되셨습니다. 축하합니다.

플라스틱 쓰레기는 분리배출도 중요하지만 애초에 만들지 않는 편이 나은 거였다.

갑자기 생긴 관심은 꼬리에 꼬리를 물어 류준열에 닿았다. 에코브리티 류준열 배우 덕에 '제로 웨이스트' 라이프를 알게 됐고, 그가 인

스타그램에 남긴 '너를 산 적은 없었는데 #플라스틱'피드는 마트에서 구입한 각종 채소와 고기들이 비닐포장된 사진의 문학적 메시지에 크게 감화받았고, 이런 쪽으로는 상당히 귀가 얇은 덕에 나는 '플라스틱 제로' 비기너가 되었다. 싱크대 청소하다 시작된 플라스틱 제로 라이프라니. 엄청난 나비효과다. 류준열씨 고마워요. 덕분에 나 좀 더 인간답게 살아요.

플라스틱 제로 알고리즘은 넷플릭스 다큐 〈플라스틱, 바다를 삼키다〉로 나를 이끌었다. 새끼 먹여 살리겠다고 바다에서 눈에 띄는 뭐든 주워 먹다 쓰러진 어미 습새의 배 속에서 정체불명의 플라스틱 조각이 쏟아져 나왔다. 새 한 마리의 배 속에서 234개의 플라스틱 조각이 나왔는데 사람으로 치면 6~8kg에 달하는 양이라 했다. 거동이 불편해 보여 구조된 바다거북의 배 속에서는 비닐 조각비닐봉지를 해파리로 오인해 뜯어먹다가 생명이 위태로워지는 경우가 많다고 한다과 빨강, 파랑 페트병 뚜껑들이 나왔다. 거북이가 삼킨 병뚜껑이 마치 내가 오늘 버린 페트병 뚜껑 같아, 그 장면을 본 순간 이제 생수도 못 마시겠구나 직감했다.

내가 할 수 있는 일들을 찾아봐야 했다. 온라인에서 플라스틱 제로 고수들의 비법들을 참고해 무리하지 않고 지속할 수 있는 방법들을 수집해 봤다. 일주일에 몇 개씩 사던 생수 대신 아리수로 보리차를 끓여 먹는 방법이 있었다. 집 앞의 소규모 식료품점에서 한 봉지에 2,000원 주고 볶은 보리를 샀다. 1년을 끓여 먹어도 될 만큼 넉넉

한 양이다. 이제 최소한 나 때문에 바다거북이 페트병 뚜껑 삼킬 일은 없어졌고 만만치 않던 생수 비용도 절약되니 일석이조, 도랑치고 가재 잡았다.

3개월마다 교체하는 칫솔은 칫솔모가 플라스틱이 아니라 분리배출용에도 끼지 못한다는 충격적인 사실을 알게 됐다. 다시 말해 칫솔 하나는 500년짜리인 거다. 그래서, 6개월이면 썩는다는 대나무 칫솔로 대체해 봤다. 아무래도 나무 소재라 습기가 취약하기 때문에 사용 후 물기를 바짝 말려줘야 하는 걸 제외하면, 사용하는 데 특별히 불편한 부분이 없다.

마트 갈 때는 장바구니를 이용하고 동네 슈퍼에서 물건 담아주는 검정비닐은 정중히 사양했다. 한강에 산책 나갈 때면 텀블러에 음료를 따로 담아가고, 내친김에 회사 화장실에서 쓰는 종이타월도 아껴보자는 마음으로 손수건을 챙겼다. 종이타월은 종이라 괜찮은 줄 알았는데 펄프 함량이 낮아 재활용이 어렵다고 한다.

한번은 찜닭집에서 음식을 포장해 집으로 들고 왔는데, 아뿔싸. 3인분의 플라스틱 숟가락, 젓가락과 눈이 마주쳤다. 아, 너도 왔니? 류준열 배우가 말한 '너를 산 적은 없었는데 #플라스틱'이 이럴 때 쓰는 말이구나 싶었다. 그대로 챙겨뒀다가 다음 날 '일회용품 안 써요' 하고 식당에 반납했더니, 사장님도 좋아하고 나도 좋고, 내가 뭐라도 된 것 같고, 집에 돌아가는 길에 날씨도 좋고 기분도 좋고 아무튼 이래저래 좋았던 거야.

집이 좁아서 어쩌다 시작된 플라스틱 제로 캠페인은 현재까지 조용히 진행 중에 있다. 작은 집 구석구석에서 월세도 내지 않고 한자리씩 차지했던 생수병, 비닐봉투 꾸러미, 각종 일회용품들이 사라지니 내가 쓰는 공간이 더 넓어진 듯한 느낌이다.

손수건을 들고 다니면서도 여전히 손 씻고 무의식적으로 종이타월을 빼 쓰기도 하지만 서서히, 가랑비에 옷 젖듯 천천히, 알게 모르게 사용하는 플라스틱 사용의 영역을 좁혀가려 한다. 또 누가 아는가. 이렇게 꾸준히 실천하다 보면 에코브리티 류준열을 만날 기회가 찾아올지.

Life Tip

플라스틱 제로 비기너들을 위한 저렴한 실천 아이템

망원동에 있는 제로웨이스트 상점 알맹을 통해 구입한 물건 가운데, 가격 부담도 없고 가성비 좋은 알뜰제품 몇 가지를 공유하고자 한다. 아무리 친환경이라도 기존 제품보다 가격대가 비싸면 선뜻 손이 가질 않으니 말이다.

식물수세미

수세미 열매를 통째로 말린 천연 수세미로 크기가 상당해서 4조각으로 잘라서 사용하고 있다. 일반 수세미보다 표면이 거칠어 찌든 음식 찌꺼기 설거지로 딱이다. 다만 같은 이유로 스크래치를 조심할 필요는 있어 보인다.

소창 행주

옛날에 기저귀천으로 쓰이던 100% 목화 면으로, 통기성이 좋고 빨리 말라 행주로 쓰기 좋은데, 특히 미세플라스틱 걱정 없이 안전하게 사용할 수 있는 천연 행주다. 설거지 후 그릇에 남은 물기를 닦거나 그릇 건조대에 먼지가 앉지 않게 덮어두는 용으로 사용하고 있다.

소프넛

말 그대로 비누열매다. 물에 닿으면 거품이 나기 때문에, 화학 세제 대용으로 활용하면 좋다. 화학 세제가 꺼려지는 이유는 눈에 보이지는 않지만 그릇에 남아 있는 세제의 잔여물 때문. 설거지할 때 주방세제로 활용할 수도 있고, 빨래용으로 써도 괜찮다. 소프넛을 구입할 때 작은 주머니도 함께 구입할 수 있는데, 세탁기 돌릴 때 마지막 단계에 소프넛 주머니를 넣어 사용하고 있다.

대나무 칫솔

솔직히 대나무 칫솔이래서 양치하다 입안 다 까지면 어쩌나 걱정했는데, 탄성이 없는 소재이긴 하나 오히려 섬세하게 닦게 돼서 잇몸 상할 일은 없어 보인다. 칫솔모는 오랄비처럼 기능성 있어 보이는 타입이라기보다 일회용 칫솔에 가깝달까. 그래도 이만 잘 닦으면 된 거 아닌가 하는 생각이 든다.

알아두면 쓸모 있는
신비한 풍수 인테리어

••• 생활정보 프로그램을 하면서 최고의 시청률을 기록한 아이템 TOP3 중 하나는 놀랍게도 '풍수 인테리어'였다. 21세기 5G시대에 풍수가 웬 말인가 싶겠지만, 재물운을 부른다는데 알아서 손해 볼 건 없겠다는 심정으로 시청한 게 아닌가 하는 게 자체분석이다. 집 안의 거울 위치 하나로 돈이 굴러들어오는 대박집이 될 수도 돈이 술술 빠져나가는 쪽박집이 될 수도 있다는데, 모르면 몰랐지 알고 나면 따르지 않고는 못 배긴다. 그동안 내가 재물운과 거리가 멀었던 게 저놈의 거울 탓은 아닌지 진지하게 고민이 되었다.

녹화에는 국내 최고의 풍수 권위자 두 분이 출연했는데, 매년 1월이면 직접 쓴 풍수 인테리어 책을 베스트셀러에 등극시키는 대박 작가이기도 했다. 그분들에게 귀동냥으로 들은 지식을 정리해 보겠다.

현관은 사람으로 치면 입에 해당되는데, 재물운이 들어오는 입구나 다름없기 때문에 집 안에서도 특별히 청결해야 한다고 강조했다. 현관의 전등이 고장 나면 바로 고쳐 환하게 유지하는 게 좋으며, 분리수거통이나 쓰레기봉투 등 불필요한 잡동사니를 늘어놓지 말아야 한다. 특히 신발에는 외부의 나쁜 기운이 묻어 있기 때문에 현관 바닥에 진열하듯이 두지 말고 신발장 안에 보관하라 했다.

주방도 재물운과 떼려야 뗄 수 없는 중요한 공간인데, 가스레인지와 후드가 오염돼 있거나 개수대에 물때가 끼어 있으면 집주인이 재물복이 없다 했다. 특히 냉장고는 음기가 강한 전자제품이라 재물과 깊은 연관이 있는데, 문짝에 전단지나 스티커, 사진 등을 너저분하게 붙여두거나 내부에 상한 식품을 많이 넣어두면 재물복이 달아나니 각별히 조심해야 한다.

화장실은 습하게 두면 물의 나쁜 기운이 쌓이게 되며, 특히 배수구가 막히면 재물운도 막히므로 물이 고이지 않도록 하고, 수도꼭지나 샤워기를 반짝반짝 보석처럼 잘 닦아둬야 재물운이 올라간다 했다.

지금쯤 살짝 의아하게 생각하는 분들이 계실 듯한데, 나 역시 처음에 그랬다. 얘기를 듣고 보니 풍수 인테리어와 미니멀리즘이 다른 게 뭔가 싶을 정도다. 황금돼지상을 머리맡에 두고 자라는 식의 토테미즘 차원을 예상했는데, 전혀 예상치 못한 전개다. 한마디로 집 안을 청결하게 관리하고 깔끔하게 수납하는 습관이 재물운을 가져다준다는 결론이다.

그러고 보니 그동안 의식하지 못하고 살았던 부분들이 눈에 보이기 시작했다. 냉장고 문짝부터가 아주 가관이다. 여행 가서 사 모은 수십 개의 마그네틱과 왜 붙어 있는지 모를 영수증들로 잔뜩 도배되어 있다. 현관에는 당장 신지도 않을, 심지어 계절에 맞지도 않는 신발들까지 죄다 밖으로 나와 있다. 그래도 이건 약과다. 개수대 수도꼭지를 보니 미세한 틈새 사이사이 물때가 끼어 있고, 화장실 배수구 뚜껑을 열어 보니 엉킨 머리카락이 돌돌 말려있다. 이 모든 게 너무나 선명하게 시야에 들어왔고, 그렇게 눈에 거슬릴 수 없었다.

나의 재물운이 여기서 빠져나갔을 수 있겠다 생각하니 살짝 억울하기까지 했다. 풍수 인테리어 녹화를 마치고 가장 먼저 한 일은 현관 청소였다. 현관 바닥에 신발이 쌓여 있는 이유는 신발장 공간이 부족한 탓이다. 최근 1년 동안 한 번도 신지 않은 신발은 헌옷수거함에 내다버렸고, 한 번 신고 나갔다가 발에 물집이 잡혀 멀리하게 된 불편한 신발은 주변에 나눠주는 것으로 처리했다.

제법 넉넉해진 신발장에 밖에 튀어나와 있던 신발들을 수납했더니 흙먼지가 쌓인 꾀죄죄한 현관 바닥이 눈에 들어왔다. 난생처음 현관 물걸레질을 해 봤다. 겨우 현관 분위기만 바꿨을 뿐인데 새집 같은 기분이 들었다.

시작이 반이라 했다. 현관의 풍수 인테리어는 이미 마쳤으니 절반은 한 셈이다. 이제 우리 집에는 재물복 들어올 일만 남았다. 이거 뭐 로또라도 사야 하나. 밑져야 본전이니 여러분도 시도해 보시라. 그리고 다들 부자 되시라.

나를 위한 최소한의 가전생활

••• 살면서 이토록 소름끼치게 확신이 드는 순간이 또 있었던가. 텔레비전에서 트롬 스타일러 광고가 처음 나왔을 때 '이거다' 싶었다. 옷에 묻은 미세먼지를 제거해 주는 것은 물론 살균, 탈취 기능까지 탑재되어 있는 의류관리기는 그 자체로 신세계였다.

외출 후 벗어둔 옷을 방 안 행거에 걸 때면 온 집 안이 오염되는 것 같은 꺼림칙한 기분에서 벗어날 수가 없었다. 그런데, 미세먼지 농도가 심한 날에도, 돼지갈비나 춘천닭갈비로 회식을 한 날에도, 집까지 끌고 들어왔던 찜찜함을 단박에 처리해 줄 해결사가 세상에 나타났으니 사지 않고는 당해낼 재간이 없다.

어디 보자. 실행에 옮기기 전에 현실적인 몇 가지 사안들을 따져봐야 했다. 일단 신문물이라 그런지 가격대가 우리 집 텔레비전과 냉장고를 합친 것보다 비쌌다. 사실 전자레인지, 제습기까지 합친 것보다 더. 뭐, 일정 부분 예상했던 바다. 문제는 공간이었다. 어디에 둘까, 이리저리 시뮬레이션을 해 봤는데, 방 안에 스타일러를 두려면 냉장고나 옷장 둘 중에는 하나는 없이 살 각오를 해야 한다는 결론이 나왔다. 하, 참. 우리 집이 그렇지 뭐. 이것으로 게임 끝. 사태 종료! 더이상 고민의 여지가 없다. 최소 투룸으로 이사 가기 전까지 스타일러 구입은 전면 보류다.

갖고 싶은 물건 단념하는 최고의 방법으로, 'ㅇㅇㅇ을 절대 사지 말아야 할 이유' 같은 유튜브 후기 영상 관람을 추천한다. 남자친구와 헤어질까 말까 망설여질 때, 노트에 단점 10개만 써보면 판단이 명쾌해지는 것과 같은 원리다. 결국 작동 시 발생하는 소음이 워낙 강하기 때문에, 원룸에서 사용하기에는 부적합하다는 단점을 마른 수건에서 물기 짜듯 찾아내고는 깨끗하게 미련을 버릴 수 있었다. 나는 타고나길 청각이 예민하고 소음에 스트레스를 잘 받는 타입이니, 애초에 우리 집에는 적합하지 않은 물건이었던 거다.

생각해 보면 에스프레소 커피머신도 못지않게 욕심냈던 가전이었다. 1인 가구에 없어서는 안 될 필수품인 것 같고, SNS 보면 나 빼고 남들은 다 가지고 있는 것 같고, 나도 매일 아침 모닝커피 마시고 싶고, 홈카페를 오픈해서 허세도 부리고 싶었다. 어차피 매일 마시는 커피, 집에서 마시면 생활비도 절약될 거고 주방 인테리어 면에서 나쁠 게 없어 보였다. 이미 마음은 구입으로 기울었고, 일리냐 네스카페냐 사이에서 결정만 하면 되는 거였다. 그런데 하필 그때, 구매버튼 클릭 한 번이면 모든 게 종료되는 그 순간에 그들의 최후가 떠올랐다. 토스터기와 전기포트의 처량했던 그 마지막 모습 말이다.

자취생활 초창기 시절, 아메리칸 블랙퍼스트 스타일을 꿈꾸며 야심차게 토스터와 전기포트를 장만했다. 노릇하게 구운 토스트에 따끈한 커피를 곁들여 아침식사 하는 내 자신이 그렇게 그럴싸해 보일 수 없었다. 하지만 그렇게 애지중지할 때는 언제고, 오래지 않아 싫증나고 귀찮아지면서 토스터와 전기포트는 제 기능을 상실하기 시작했고, 걸리적거린다는 이유로 눈에 잘 띄지 않는 싱크대 하부장 어딘가에 처박히는 신세가 되었다.

몇 년 뒤, 살림이 늘면서 쓸데없이 자리만 차지하는 소형가전들을 한꺼번에 처분하게 됐는데, 곰팡이가 슬어 폐기처분 위기에 놓인 전기밥솥이 사연은 다른 챕터에서 자세히 공개하겠다과 함께 빵가루가 날리는 토스터식빵을 굽기만 하고 청소 한번 안 한 탓와 손 안 닿는 곳에 물때가 잔뜩 낀 전기포트물 끓이기만 하고 설거지 한번 안 한 탓가 함께 퇴출 명단에 이름을 올렸다. 한때는 나의 최애 가전이었으나, 오갈 데 없는 천덕꾸러기로 버려지는 최후는 씁쓸함 그 자체였다.

나의 종잡을 수 없는 변덕스러움으로 미루어 볼 때, 커피머신이라고 운명이 다를 것 같지가 않았다. 자린고비가 굴비를 천정에 매달아만 두고 밥 한술 뜨듯, 아무리 갖고 싶은 커피머신이라도 남의 SNS에서 눈요기하는 걸로 만족하기로 했다. 사용빈도가 점점 줄어든다면 종국에는 거대한 쓰레기가 되고 말테니까.

그 후로는, 최대한 기존에 가지고 있던 가전을 활용해 보려 하고 있다. 어쩌다 한번 먹는 토스트는 프라이팬으로 약한 불에 구우면 발뮤다 부럽지 않은 맛이 나고, 냉동실에서 얼어 죽은 빵이 잘만 살아난다. 컵라면이나 믹스커피에 필요한 뜨거운 물은 냄비에 끓여도 잘만 끓는다. 그런데 죽어다 깨나도 대체할 방법이 없고, 침대에 누우면 천장에 아른아른거릴 정도로 신박한 가전이 나타났다면, 잠시 결정을 보류한 채 장바구니에 넣어두고 열흘 정도 고민해 본다. 부자되는 소비 습관에 1-10-30룰이라는 게 있다. 1만 원짜리는 한 시간, 10만 원짜리는 10시간, 100만 원짜리는 30일 고민한 뒤 사라는 의미로, 최소한의 유예기간을 두는 방식이다. 충동적인 구매인지 진정으로 필요한 물건인지, 대개 그때 판가름이 난다.

또 몇 번이나 사용하게 될지, 그렇다면 한 번 이용할 때 비용은 얼마인지 따져 보는 것도 좋은 방법이다. 20만 원 주고 커피머신을 샀는데 40번 정도 사용하면 한 잔 이용료가 5,000원이라는 계산이 나온다. 그럴 거면 스타벅스 가는 게 오히려 남는 장사다.

얼마 전, 10년의 고민 끝에 큰맘먹고 전자레인지와 믹서기를 구입했다. 한동안 우리 집의 주방가전은 냉장고가 유일했는데, 전자레인지를 활용해 만드는 요리 10가지, 믹서기로 가능한 레시피 10가지 이상을 발견하고 나서야 구입을 결정했다. 그 정도면 시간이 지나도 주방에서 집짝 취급 받을 일은 없을 것 같았고, 본전 뽑는 것도 무리 없어 보였다. 특히 3만 원 주고 산 믹서기는 두 달간 최소 50번은 썼으니 하루 사용료 600원, 1년을 채우면 100원, 지금 봐서는 사용료 0원이 될 때까지 사용하는 것도 가능해 보인다.

Life TIP

공짜로 버릴 땐? 폐가전제품 무상배출 시스템 활용하기

가전제품은 버리는 것도 다 돈이다. 하지만 폐가전제품 무상배출 시스템을 이용하면 공짜 수거가 가능하다. 냉장고, 세탁기, 에어컨, TV 등의 대형 가전이라면 단일 품목도 직접 방문 무상 수거를 해 준다. TV를 교체하면서 서비스를 이용한 경험이 있다. 홈페이지로 예약한 후 담당 기사님과 통화로 수거시간과 물건 놓을 위치를 정하면 끝! 전날 저녁, 약속했던 현관 앞에 TV를 뒀는데, 다음 날 일어나보니 쥐도 새도 모르게 이미 수거해가고 없었다. 혼자 사는 여자 입장에서 비대면이 가능해 더 좋았던 서비스! 전기포트 등의 소형 가전은 5개 이상일 때 무상수거가 가능하니 웬만하면 모아서 버리도록 하자.

자취인의 필수가전 전자레인지 & 믹서기 관리법

전자레인지를 쓰다 보면 은근히 음식물이 튀고 넘치는 일이 많다. 전자레인지를 살균 소독이 중요한데, 그릇에 식초와 구연산을 넣고 5분간 돌린 후, 깨끗한 행주로 수증기를 닦아주면 소독 끝이다. 믹서기는 칼날 관리가 생명! 이때 계란 껍데기를 넣고 갈아버리면 칼날의 날카로움을 오랫동안 유지할 수 있다.

가구를 조립해 보았습니다

••• '이거 다시 또 사나 봐라!'

'완전 매력에 빠졌다. 다른 디자인도 도전해 볼랍니다.'

이용후기가 극과 극이다. 바로, 자취생의 동반자요 셀프 인테리어의 시작, 이케아 가구조립에 도전한 사람들의 이용후기다.

나의 첫 이케아는 손잡이가 달린 5단 미니 철제서랍장. 속옷, 스카프 같은 작은 물건 수납용으로 사이즈가 딱이었다. 완제가구에 비해 가격대가 상당히 저렴한데다, 심플하고 감각적인 디자인은 기본, 특히나 북유럽 감성의 인테리어 예시 사진을 보면 안 사고는 못 배긴다.

귀가길, 현관 앞에 이케아 택배 박스가 나를 기다리고 있었다. 두근두근, 이제 집으로 모셔가서 조립만 하면 되는데.

'끙차─' 어랏? 묵직한 게 무게가 상당하다. 예상치 못한 전개다. 사진 속 완성품은 세상 가벼워 보였는데, 입체의 철제 제품을 평면으로 펼쳐서 쌓아두니 그 무게가 혼자 쉽게 옮길 수 있는 범위를 초과하고 있었다. 결국 바닥에 질질 끌며 들고 오긴 했지만, 방바닥에 눕히고 개봉하는 과정까지는 어렵지 않게 해결했다. 철판, 각종 부품, 도면, 박스 안에 든 전부를 꺼내 늘어놔봤다. 그런데,

'아뿔사, 망했다….' 조립과정을 그림만으로 설명하고 있는 도면은 이해하기 어려운 상형문자나 다름없었고, 생전 처음 보는 부품들의 용도를 파악하기에는 내가 너무 문과였다. 이 정도면 구입하기 전에 '단, 기계공학과 전공자가 아니면 당장 구매취소 버튼을 누르시오'라고 안내를 했어야 하는 거 아닌가.

도면을 해석하는 데만 해도 한참이 걸렸는데, 본격적으로 조립을 하려니 도면은 문제도 아니었다. 무거운 철판을 종이접기 하듯 접어 본체를 만들려는데 왼쪽 면을 세우면 오른쪽이 쓰러지고, 도저히 팔두 개로는 각이 안 나왔다. 다른 팔 두 개가 그렇게 절실했던 적이 있었나 싶다. 도면대로 구멍에 나사를 다 끼워 넣었는데, 갈 곳 잃고 방황하는 이 남은 나사는 또 무어란 말인지, 왜 이놈의 문짝은 매끄럽게 열리지 않고 또 삐걱대는 건지. 분명 혼자서도 조립할 수 있다 했는데, 내 머리는 혼돈의 카오스에서 빠져나오질 못하고 있다.

조립해 주는 유료 서비스가 있다곤 하지만 그럴 거면 애초에 이케아가 아닌 보루네오 가구를 사는 게 맞다. 철판과의 사투 끝에 어찌네모반듯한 수납장의 뼈대는 완성이 됐지만, 아직 더 접어야 할 다섯개의 서랍용 철판을 보니 짜증이 치밀었다.

금방 끝날 줄 알고 퇴근하자마자 공복에 시작한 까닭에 당은 떨어지고 손은 달달 떨리고, 무거운 철판과 씨름하느라 허리까지 뻐근했다. 이거 원 아사리판이다. 내가 왜 이걸 주문해서 누가 시키지도 않은 이 생고생을 자처하고 있나, 몇 푼 더 주고 완제품 살 걸 하는 후회가 밀려왔다.

중도포기의 위기는 그 후로도 몇 차례 더 찾아왔지만, 근 3시간의 작업 끝에 납작했던 철판 덩어리는 입체의 서랍장으로 새 생명을 얻었다. 사람 마음이 참 간사하다. 다시는 사나 봐라 하고 투덜대면서도 그럴듯하게 완성된 모양을 보니 스스로가 대견스럽고, 이게 또 자취의 맛이 아닌가 싶고, 고생했던 기억이 단박에 사라졌다.

그리고, 5단 철제 서랍장에 자신감을 얻은 나는 훨씬 부피가 큰 양문형 수납장을 주문하게 된다.

다시는 같은 실수를 반복하지 않으리라 마음먹고 철저하게 계획을 세웠다. 반나절쯤 시간 여유 있는 날을 선택했는데, 머리가 복잡해 단순노동이 절실한 날이라면 더할 나위 없겠다. 미리 배도 든든히 채우고 스트레칭으로 관절도 풀어주고, 지루함을 덜어줄 노동요도 준비했다. 나사 같은 작은 부품들은 모양별로 종이컵에 담아 섞이지 않게 따로 분류해 두었다. 두 번째라 그런지 도면도 더 이상 암호 같지만은 않아 보인다. 자, 이제 조립만 하면 된다. 여기서도 시작이 반이란 말이 통했으면 좋겠지만, 안타깝게도 그렇지 않다는 걸 나도 알고 당신도 안다.

여전히 조립할 때마다 번뇌에 휩싸이지만, 그래도 완성과 동시에 고통을 잊어버리는 단기기억상실도 능력이라면 능력일까. 현재 DIY로 완성한 철제수납장이 4개, 사다리꼴 선반이 하나, 앉은뱅이 테이블까지 총 6개를 완성했고, 지금까지 별 탈 없이 잘 사용하고 있다.

무려 나의 피 땀 눈물로 빚어낸 조립식 반려가구인 셈이다. 그렇게 공들여 만든 서랍장 하나가 얼마 전 문고리가 부서져 모양새가 영 말이 아니다. 그래도 우리 집에서는 보루네오 할아비가 와도 이케아 못 이긴다. 이사를 가더라도 절대 버리는 일은 없을 거다.

피 땀 눈물. BTS가 왜 그렇게 〈피 땀 눈물〉 부를 때 절규하는지 알 것만 같다.

셀프 인테리어의 함정

••• 눈에 영 거슬렸다. 저걸 뜯어 말어. 좋은 시절이 지나도 한참은 지난, 요즘의 트렌드와는 전혀 어울리지 않는 벽지를 볼 때마다 아주 심란했다. 좋게 포장하면 빈티지, 좀 더 직설적으로 말하면 한물간 인테리어랄까. 한 번 눈에 거슬리기 시작하니 끝이 없다.

벽지만 바꿔도 칙칙한 집안 분위기가 반전될 것 같은 이 느낌적인 느낌으로, 도배와 페인트 사이에서 한참을 고민했다. 유튜브에서 인테리어 고수들의 영상을 찾아보니 페인트 분야가 나와 스타일이 맞아보였고 비교적 수월해 보였다는 소리다 셀프 페인팅 인테리어야말로 자취의 묘미 아니겠나 싶었다.

꼴 뵈기 싫은 낡은 벽지에 최신 유행하는 쨍한 원포인트 컬러로 엣지를 주는 거다. 왜 〈즐거운 나의 집〉 같은 잡지에 단골로 등장하는 인테리어 있지 않나. 침대 헤드 쪽 벽면이나 소파 쪽 벽면에 채도 높은 컬러로 페인트칠하는 포인트 벽지 페이팅. 캬. 그 대단한 걸 내가 해내겠다는 거다.

이왕 하는 거 기초부터 제대로 배워볼 심산으로, 무려 우리나라 굴지의 페인트 회사에서 운영하는 셀프 페인팅 클래스에 참여했다. 내가 뭘 안 해서 그렇지, 한번 꽂혔다 하면 추진력 하나는 끝내준다. 5명 소수정예 수업이었는데 놀랍게도 남자 수강생은 단 한 명도 없었다. 이론 수업을 들으면서 서울 하늘 아래 셀프 페인팅에 관심 있는 남자는 별로 없다는 사실과 벽지에 바르는 페인트와 가구 리폼용으로 바르는 페인트는 종류가 다르다는 것, 벽지전용 페인트 중에 무광은 고급스럽지만 스크래치에 취약하고 저광은 물걸레 청소가 가능해 실용적이라는 것, 내가 고를 수 있는 페인트 컬러가 자그마치 천 가지가 넘는다는 것벽지보다 컬러가 다양해 본인이 원하는 디테일을 살리기에 유리하다, 벽면 하나 칠하는 데는 페인트 1ℓ의 용량이 필요하다는 것을 알게 되었다. 꽤나 유익한 정보다. 역시 뭘 배우려면 돈 주고 배워야 한다.

본격적인 실습 시간이 되면서 수업은 좀 더 흥미진진해졌다. 콘센트에 마스킹 테이프를 붙이고, 몰딩이나 문짝에는 비닐이 달린 커버링 테이프로 페인트가 묻지 않게 보양작업을 했다. 그다음에 벽지의 사각 테두리 부분은 납작한 붓으로, 넓은 부분은 롤러를 수직으로 내렸다가 W 그리기를 무한반복하면 된다. 이 과정을 두 번에 걸쳐 작업한 다음 페인트가 완전히 마르기 전에 마스킹 테이프를 떼어내고

2~3시간을 더 자연건조하면 벽면 페인팅은 끝난다. 실습까지 마스터하고 나니 이젠 뭐 천하무적이다. 집에만 가면, 벽이고 뭐고 까짓 거 다 발라버릴 수 있을 것 같았다.

그래서, 집에서 벽지 페인팅은 성공했냐고? 결론부터 말하면 셀프 페인팅은 결국 포기했다. 페인팅 수업이 끝나고 뒷정리하면서 갑자기 현타가 온 거다. 개수대에서 붓과 롤러를 세척하는데 롤러를 한 번 주무를 때마다 의자 하나는 가뿐하게 칠할 만큼의 페인트가 하수구로 빠져나가는 모습을 보니 아깝기도 하고, 매번 이런 과정으로 팔 떨어지게 뒤처리할 생각을 하니 귀찮아졌… 아니, 적성에 맞지 않았던 걸로 해 두자.

다시 원점이다. 이제 남은 선택지는 벽지뿐이다. 누굴 불러서 도움을 받아야 하나 고민하던 찰나, 혼자 셀프로 시공하기 쉬운 접착식 스티커 벽지라는 걸 발견했다. 풀이고 뭐고 다 필요 없고 그냥 벽에 갖다 붙이기만 하면 된단다. 유튜브로 시공 영상을 찾아봤더니 혼자서도 충분히 가능해 보였다. 참 좋은 세상이다.

클릭 몇 번으로 물건은 내 손에 들어왔고, 벽지 뒷면에 붙어 있는 투명비닐을 뜯어냈고, 원하는 벽면에 모서리부터 붙여 나갔는데, 순간. 뭔가 단단히 잘못되었다는 걸 직감했다. 아무리 접착식 벽지라지만 의욕만으로 되는 게 아니었다. 한쪽 귀퉁이의 벽지가 울기 시작하더니 반대쪽 귀퉁이쯤에서는 아예 오열을 하고 있다. 집이 엉망진창으로 무너지는 꼴을 실시간으로 보고 말았다. 벽지도 울고 나도 울고, 아… 슬프다. 이렇게 집 안이 누더기가 되는구나. 억장이 무너진다.

도배는 이케아 수납장 조립에 비하면 난이도가 상당하다. 생각해 보면 도배는 국가공인 자격증이 있지만, 이케아는 손만 달려있으면 누구나 할 수 있는 거 아닌가. 유튜브에서 셀프 도배 영상만 보고 벽지 시공을 쉽게 생각한 나의 실수다. 어쩜 이리 생각이 짧았을까. 생각해 보면, 내가 방송을 만들 때도, NG컷은 다 걷어내고 OK컷만 잘라 쓰면서 말이다.

결국 사람 불렀다. 괜히 전문가가 있는 게 아니라는 걸 실감했고, 오열하던 벽지는 다행히도 다시 웃음을 되찾았다. 자취생들이여, 셀프 인테리어 함부로 덤비지 마시라. 돈 몇 푼 아끼려다가 본인처럼 오히려 돈이 더 드는 수가 있다.

여러분, 벽지는 웬만하면 돈 주고 하세요.

Life TIP

셀프 인테리어 클래스 추천

홈앤톤즈 페인트 아카데미

벽지 페인팅과 문 페인팅으로 나눠 매달 소규모 유료 강좌를 열고 있다. 실습 위주의 수업으로 꽤나 유용하다. 섣불리 페인트부터 구입해서 무모한 도전을 하기보다 체험 먼저 해 보시길 추천한다. 홈앤톤즈는 삼화페인트에서 운영하고 있어, 현장에서 각종 제품을 구입하는 것은 물론, 컬러에 대한 상담도 함께 진행할 수 있어 좋다.

서울시 집수리 닷컴 활용하기

고급기술을 저렴한 가격에 터득하고 싶은 금손이라면, 서울시에서 운영하는 집수리 아카데미에 등록하는 방법도 있다. 단열, 방수, 전기 등 본격적인 셀프 집수리 노하우를 합리적인 가격에 배울 수 있다.

전동드릴을 공짜로? 공구대여소 써먹기

서울시 집수리 닷컴에서는 공구대여소도 운영하고 있어, 각종 공구세트, 사다리, 톱, 삽, 전동드릴 등을 3일간 대여해서 사용할 수 있다. 집에 나사 박을 일이 왕창 생겼을 때, 보쉬 전동드릴을 사야 하나 한참 고민했으나, 공구대여소를 통해 공짜로 이용할 수 있었다.

환상의 복식조

••• 최대한 간절해 보여야 한다. 불쌍해 보일수록 더 좋다.

나는 약자이며 당신의 도움이 절실한 '을'임을 강조한다. 이때만큼은 납작 엎드려도 좋다. 세상 착한 사람의 말투를 장착한다. 때문에, 평소 이미지를 관리해 두는 게 중요하다.

집주인 아주머니에게 뭔가를 부탁할 때 필요한 3가지 덕목이다. 특별히 구차하게 설명하거나 설득하는 과정을 생략하고, 속전속결로 해결할 수 있는 최고의 방법은 역시 측은지심을 유발하는 거다. 경험상 열이면 열 다 통한다.

언제부턴가 싱크대가 영 골칫덩이였다. 88올림픽 때가 전성기였나 싶게 한물간 복고풍 디자인, 인체공학을 철저하게 무시한 개수대 높이설거지만 하면 사방에 물이 다 튄다. 특히 문짝은 열 때마다 삐그덕대는 게 관절염 말기 상태였는데, 그러다 결국 사단이 났다. 하부장

문짝이 덜컹대더니 설거지하던 내 다리 위를 그대로 덮쳤고, 날카로운 모서리에 내 정강이 피부가 찢어지면서 뻘건 피가 다리를 타고 줄줄 흘렀다. 물론 과장이다. 당시의 내가 느꼈던 고통을 극적으로 표현한 시적허용쯤으로 생각해 달라. 어쨌거나 난 아파 죽는다고 꽥 소리를 질렀지만!

'깍- 깍- 깍-'

내 외침은 공허하게 공기 중으로 흩어질 뿐이고! 주변에 도움 줄 사람이 있을 리 없고!

더 이상 낡은 싱크대와 동거를 유지할 수 없겠다 싶어 결국 주인집 아주머니에게 문자를 보냈다. 지금의 상황과 세입자의 가련한 처지를 담아 거절할 수 없는 제안을 했고, 단박에 OK 승인이 떨어졌고, 그리하여 그들이 우리 집으로 찾아오게 되었다.

환상의 복식조. 두둥-.

키가 작고 머리숱이 살짝 아쉬운 남자 사장님과 기골이 장대한 여자 사장님장딴지가 딱 강호동 사이즈다으로 구성된 부부 2인조, 우리 동네 싱크대 설치의 달인 되시겠다. 헌 싱크대를 떼어내고 새것으로 교체하는데 둘의 호흡이 한두 해 맞춰 본 솜씨가 아니다. 공구 천재인 남편이 현란하게 전동드릴로 해체작업을 하면, 힘이 장사로 보이는 아내가 번쩍번쩍 현관을 넘나들며 가구를 날랐다.

디테일한 기술은 남편이, 힘쓰는 일은 아내가. 쿵짝쿵짝 쿵짜작 쿵짝 4박자 속에, 두 사람은 환상의 호흡을 자랑하며 누구보다 빠르게 남들과는 다르게 리듬을 타는 비트 위 2인조의 면모를 과시했다. 부부이자 둘도 없는 베스트 직장 동료. 힘쓰는 거친 노동을 하면서도 둘이 주고받는 대화는 세상 다정했고 서로에 대한 배려가 뚝뚝 떨어졌다. 세상 어디에도 없는 환상의 짝꿍이라는 말은 이분들을 보고 만들어진 말일지도 모르겠다.

작은 집의 작은 싱크대지만 작업은 2시간이 지나도 계속됐다. 땀범벅이 된 두 분의 얼굴이 벌겋게 달아올라 선풍기며 에어컨 다 동원했지만, 먼지가 날려 오히려 없는 편이 낫다며 괜찮다고 하셨다. 하지만 두 분이 땀 샤워를 하는 마당에 멀뚱멀뚱 서 있기만 하는 내 속이 괜찮을 리가 없다. 얼른 동네 슈퍼로 달려가 물보다 빠르게 흡수된다는 이온음료와 과일음료, 비타민음료를 잔뜩 사들고 왔다. 두 분이 한 잔 마시면서 겸사겸사 잠깐의 휴식 시간을 가졌는데, 그제야 내 마음도 좀 편했다.

사장님은 막간을 이용해 여자 혼자 쓰기에 적당한 전동드릴 지식도 알려주시다가, 내친김에 나사가 덜렁거리는 우리 집 식탁의자도 손봐주시고, 문 열고 닫을 때 끼익- 소리 나는 현관까지 고쳐주셨다. 이렇게 스윗한 남자라니.

거의 3시간가량의 시간이 지나서야 작업이 얼추 마무리가 되었다. 여자 사장님은 본인의 딸이 올해 서른인데 얼마 전 갑자기 독립을 해버려서 마음이 안 좋다며, 우리 집 싱크대 작업을 하는 내내 딸 생각이 났다고 했다. 엄마 눈에는 서른 살 딸도 마냥 애 같고, 그 어린애가 부모 없이 혼자 자취하는 게 못 미덥고 불안한 모양이다. 남자 사장님이 추가 비용도 받지 않고 우리 집 구석구석을 손봐주신 미스터리가 여기서 풀렸다.

그분들이 나를 보면 딸 생각을 했듯이, 나 역시 그분들을 보며 하나라도 더 챙겨주고 싶어 하는 엄마, 아빠의 마음을 떠올렸다. 짐을 챙겨서 떠날 채비를 하는 여자 사장님에게 따님이 혼자 살다 보면 부모 소중한 줄도 알고, 돈 귀한 줄도 알고, 앞으로 더 많이 성장하게 될 거라고, 혼자서도 잘살 테니 무조건 안심하시라 했다. 혹시 이거 내가 나한테 하는 소린가? 내 말이 얼마나 먹힐지는 모르겠지만, 어쨌거나.

트럭을 타고 유유히 자리를 뜨는 두 분을 보며 확실히 알았다.

다 떠나서, 인생에서 환상의 복식조를 만나는 건 꽤나 멋진 일이라는 걸 말이다.

Make up room 서비스

●●● 화장대에 앉아 토너를 바르다가 바닥에 한 방울을 흘려버렸다. 무심결에 방바닥을 티슈로 닦았는데, 어라? 왜 휴지에 검댕이가 묻어나오지? 비위 약한 분들이라면 죄송하다. 더 죄송한 사실은 이것은 시작에 불과하다는 거다.

오랫동안 걸레질을 안 했는지 먼지가 끈적하게 들러붙은 거다. 남의 집 얘기처럼 하는 것도 능력. 그러고 보니 방바닥이 원래 이랬나 싶게 군데군데 거뭇하다. 싸구려 커피를 마시다 흘리면 눅눅한 비닐 장판에 발바닥이 쩍 하고 달라붙었다 떨어질 판이다. 하던 화장을 멈추고 물걸레를 들어 방을 닦기 시작했다. 그런데,

서랍장 뒤편에서 불길한 기운을 풍기는 뭔가가 시야에 들어왔다. 이건 또 무슨 일이야? 뜨악. 작은 벌레 사체다. 놀라운 건 구면이라는 사실이다.

작년에 마주쳤을 때 치울 용기가 나지 않아 외면했었는데, 애써 잊고 살았던 녀석들이 미라가 되어 뭉친 머리카락 더미와 함께 다시 발견된 거다. 그렇게 내 안구는 작년에 이어 2차 데미지를 입고 말았다. 사태가 심각한 거 아니냐고? 빙고! 정확하게 봤다. 바쁘다는 핑계로 봐도 못 본 척 무심함으로 일관했지만, 더 이상 청소를 미룰 수 없다는 걸 직감할 수 있었다. 아, 혹시 우리 집안을 싸잡아서 더럽게 생각할까 봐 하는 말인데, 우리 언니, 엄마 모두 다 결벽증이 심각하게 의심되는 청소광들이다.

유난히 길었던 하루일과를 마치고 젖은 수건 같은 상태로 퇴근한 날, 현관문을 딱 열었는데 엉망진창으로 어질러진 집 안 풍경을 마주하면, 그대로 문 닫고 뛰쳐나가고 싶은 심정이 된다. 왜 옛날에 아빠들이 퇴근하고 돌아왔는데 난장판인 집을 보면, '이놈의 집구석 왜 이리 개판이야!'라고 핏대를 세웠는지 이해가 갔다.

Make up room. 호텔방값이 비싼 이유의 8할은 아마 이것 때문이 아닐까 싶다. 아무리 방을 어질러 놓고 나가도, 이 팻말을 걸어놓고 외출했다 돌아오면 모든 게 처음으로 원상복구 되어 있다. 호텔방 문을 딱 열었을 때의 그 쾌적함, 모든 게 제자리에 가지런히 놓여 있고 바닥에 먼지 한 톨 없이 청결한 그 느낌을 매일 받고 싶으면서도, 결국 내일의 내가 청소하겠지 하고 미루는 일을 반복했다. 이 집에 손 달린 사람은 내가 유일하고, 하늘이 두 쪽 나도 결국 내 차지라는 건 변하지 않는 현실인데 말이다.

청소의 기본은 쓸고 닦기다. 물걸레로 방바닥을 닦고 핸디청소기로 쓸었다. 뭔가 시원하게 빨아들이지 못하는 것 같아 청소기 필터를 열어보니, 먼지로 꽉 막혀 있다. 필터를 분리해 흐르는 물에 세척하다 먼지청소에 꽂혀 버렸다. 청소용 물티슈를 꺼내 전등갓이며, 텔레비전 뒷면, 에어컨 윗면, 선풍기 날개까지 사각지대를 찾아다니며 구석구석 닦아봤다. 기름기와 먼지가 뒤엉킨 찌든 때가 끝도 없이 나왔다.

그러다 싱크대의 개수대에 시선이 꽂혔는데 더러운 거름망이 눈에 거슬린다. 잡았다, 요놈. 악취의 원인이 여기 있었다. 베이킹소다와 식초를 뿌려 살균소독하고 못 쓰는 칫솔로 거름망에 붙은 음식 찌꺼기를 제거했다. 의식의 흐름대로 눈에 보이는 족족 쓸고 닦다가 문득 궁금해졌다. 청소라는 게, 끝이 있기는 한 걸까. 그리고 완전한 청소라는 게 있는 걸까. 해석하자면 그냥 청소하기 힘들어서 하기 싫다는 뜻이다.

나에게 청소의 목적이 무엇인지 차근차근 따져봐야 했다. 나는 그저 퇴근하고 들어왔을 때 청결하고 안락한 상태의 집에서 편하게 쉬고 싶을 뿐이다. 그렇다면, 죽으나 사나 집을 나서기 전 청소를 해야 한다는 결론이 나온다. 그래서 습관을 바꿔봤다. 출근 준비하며 사용했던 헤어드라이어나 화장품은 쓰고 난 뒤 서랍장에 원위치해 두고, 침대 위에 꺼내놓았던 오늘의 착장 후보들 가운데 선택받지 못한 옷들은 행거에 다시 걸어뒀다. 청소용 물티슈 한 장을 집어 들고는 눈에 보이는 온갖 평평한 것들의 위냉장고 위, 수납장 위, 테이블 위, 화장대 위 등 각종 윗면들이 해당된다를 빠르게 쓱 닦아주고, 뒤집어 접은 다음 깨끗한 면으로 방바닥을 한 번 훑어줬다. 어머나, 세상에. 5분도 안 걸렸다. 물론 늦잠 자는 날에는 이 5분의 여유마저 없지만. 그렇게 얼렁뚱땅 대충 하는 게 무슨 청소냐고 지적하는 분들이 있을지 모르나, 이 정도로도 충분한 사람이 있는데 그게 바로 나다.

청소 감수성은 사람마다 다르다. 진공청소기 한 번 돌리는 걸로 청소라 생각하는 사람이 있고, 매일 방바닥을 물걸레로 닦아야 청소라 생각하는 사람이 있으며, 눈에 보이지 않는 사각지대까지 먼지를 털어내야 청소라 생각하는 사람도 있다. 나는 그리 까다롭지 않은 성격으로 어지간한 티끌에는 눈감아 줄 만큼 나에게만 참 관대한 편이다.

그런 탓에 이 정도의 모닝청소 습관만으로도 삶의 만족도가 향상되었음은 물론이다. 나란 사람 만족시키기 참 쉬운 사람. 하지만 늘 수박겉핥기식의 청소상태로만 생활하는 건 아니다. 이래 봬도 엄연한 문명인이다. 창틀에 쌓인 먼지나 수도꼭지 틈새에 낀 물때가 보이면 잘 아껴뒀다가, 회사에서 과하게 머리를 쓴 날 두뇌를 입가심 하는 차원에서 청소하곤 한다. 그리고 뇌 용량에 비해 지나치게 머리를 썼다 싶으면 좀 더 난이도가 있는 화장실 바닥 타일의 물때를 청소한다. 거친 솔로 문질러 광을 내는 작업이 세상 꿀맛이다. 머리 쉬게 하는 데는 단순노동만 한 게 없다. 그런 날이 정기적이지 않다는 게 함정이긴 하다만.

모닝청소 습관을 들이려 노력하고는 있지만, 그렇다고 갑자기 청소가 좋아졌다는 건 아니다. 죽지 못해 한… 아니, 죽지 못해 청소하는 정도까지는 아니지만, 귀가 시간의 지친 나를 위한 최소한의 희생쯤으로 여기고 해낼 뿐이다. 사실 회사도 가기 싫은데, 청소는 더 싫은 날이 태반이니까.

현관문에 make up room 팻말을 걸고 나갔다 오면, 청소요정이 나와 요술봉 한 번 휘두르는 걸로 청소가 끝나는 날이 빨리 왔으면 좋겠다. 4차 산업혁명 시대에 뭔 개소리냐고? 하… 그냥 내가 하고 마는 게 더 빠르려나.

설거지는 셀프입니다

••• 살면서 이런 광경은 처음 봤다. 퇴근하고 집에 돌아왔는데, 맙소사. 웬 초파리 떼가 집 안을 점령하고 있었다. 손바닥을 파리채 삼아 때려잡아 봐도 역부족이었다. 몸집은 깨알만 한 놈들이 동작이 여간 빠른 게 아니다. 그나마 주방 벽타일에 붙어 있는 건 몇 마리 압사시켰는데, 밥그릇이나 수도꼭지처럼 형태가 복잡한 사물에 붙은 초파리는 난이도가 상당했다.

그리고, 초파리는 자기복제 방식으로 실시간으로 번식 중인 게 분명하다. 그렇지 않고서야 때려잡을수록 초파리 숫자가 늘어날 이유가 없지 않겠나. 이걸 다 해치우고 잘 생각을 하니 앞이 까마득해졌다. 생지옥이 있다면 바로 여기일까.

이럴 땐 원인을 파악하는 것보다 일단 집에서 소탕하는 게 먼저다. 검색창에 '초파리 퇴치법'을 검색했더니 '초파리 트랩'에 대한 정보들이 쏟아져 나왔다.

살림 고수들의 조언에 따라 초파리를 유인하기 위한 수제 덫을 만들었다. 방법은 간단했다. 종이컵에 식초와 설탕을 1:1로 넣고 투명 랩을 뒤집어씌운 뒤 이쑤시개로 작은 구멍을 여러 개 뚫는 방식이다. 들어오는 건 자유지만 나갈 때는 다리 한 짝 떼어놔도 나갈까 말까 한 낙장불입형 초파리 트랩이다. 블로그 후기들을 훑어보니 효과가 살벌하다. 작은 종이컵에 떼죽음한 초파리들의 사체가 수두룩한 게 믿음이 갔다. 그렇게, 내일이면 아무 일도 없었던 것처럼 사태가 해결되길 기대하며 일단 잠이 들었다. 그런데, 왜죠? 왜 때문이죠!

그새 초파리들의 깨알보다 작은 뇌가 알파고로 진화했는지 초파리들은 단 한 마리도 덫에 걸려들지 않았고, 싱크대 벽면에서 여전히 들러붙어 제집 안방처럼 휴식을 취하고 있었다. 보란 듯이! 날 조롱하며! 결국 한 마리, 한 마리 손으로 때려잡아야 했고, 완전히 소탕하기까지 며칠을 더 고생해야 했다.

처음에는 초파리가 창문 틈으로 날아들어 왔나 하고 방충망을 의심했는데, 주방에 갑자기 출현하는 초파리는 과일 껍질에 붙어 있던 알이 부화하면서 생겨난다는 게 과학계 정설이라고 한다. 내가 먹고 개수대에 버린 바나나 껍질이 트로이 목마 역할을 한 거였다. 오랜 미스터리가 풀렸다. 살림이라는 건 이토록 시행착오의 연속인 건가.

설거지는 쌓아 뒀다 한 번에 처리하는 게 자취의 맛이라며 게을리했고, 그러다 보니 먹다 남은 음식물의 잔해도 그대로 방치되곤 했

다. 개수대 관리를 소홀히 하다가 자칫 초파리한테 집을 통째로 양도
할 뻔했다. 솔직히 나도 이런 경험 한 적 있다는 사람, 손가락 접어.

같은 실수를 반복하면 사람이 아니다. 식사 따로 설거지 따로가
아닌 식사와 설거지를 하나의 풀패키지로 생각해야 했다. 가장 먼저
식기의 규모부터 줄여봤다. 설거지를 하지 않으면 아예 밥을 먹지도
못하도록, 크기가 다른 접시 2개, 밥그릇 1개, 국그릇 1개, 샐러드볼
1개를 제외하고 여분의 그릇들을 가차 없이 휴지통에 버렸다. 친구가
시집가면서 물려줬지만 거의 한 번도 쓰지 않는 그릇들, 다이소에서
저렴해서 충동구매한 본 접시들, 카페에서 사은품으로 받아온 머그
컵들을 버렸고, 수저도 한 벌만 남겨두고 모조리 폐기처분 했다.

설거지의 핵심 장비인 수세미도 교체했다. 낡은 싸구려 수세미는
버리고 교토에서 기념품으로 사온 수제 수세미를 꺼내들었다. 200년
전통의 생활용품 가게에서 데려온 아이인데, 무려 종려나무로 만든
수공예품으로 크기는 제주도 자연산 전복만 하며 내구성이 아주 뛰
어나다. 설거지할 때 아주 폼이 난다. 상호명은 '나이토쇼텐'으로, 수
세미 외에도 병 닦는 솔, 빗자루 등 온갖 청소용품을 판매하고 있다.
개인적으로 마당 쓰는 빗자루를 못 가져온 게 못내 한이 된다. 여행
에서 얻은 전리품으로 곱게 보관만 하려 했는데, 수세미계의 에르메
스를 꺼냈다는 건 앞으로 진지하게 설거지에 임하겠다는 나의 의지
의 표현이다.

뭐든 재미를 붙이려면 장비빨이 중요하다. 설거지 패션의 완성인

린넨 앞치마를 하나 장만했다. 헐렁하고 엄마 느낌 나는 태화 고무장갑 대신 파스텔 민트 컬러의 감각적인 고무장갑도 구입했다. 이 정도면 어디 내놔도 빠지지 않는 프로 설거지인의 모습이다.

설거지는 식사를 마친 즉시 하는 게 원칙이다. 본격 설거지에 입문하고 보니 이거 꽤 중독성이 있다. 비포애프터가 확실한 단순노동의 미학을 설거지에서 발견하게 되었다. 끈적끈적한 기름때, 빨갛게 물든 고추장양념, 눌어붙은 계란 프라이의 흔적을 벗겨낼 때의 그 쾌감, 그리고 뭔가 해낸 것 같은 성취감, 스트레스 해소에도 아주 탁월하다.

설거지 후에 나오는 음식물 쓰레기는 비닐봉지에 잘 모아서 냉동실에 위생적으로 얼려뒀다 버렸는데, 그 방식이 가장 위생적이지 않은 방식이란 걸 뒤늦게 알게 되었다. 냉동실은 영하니까 세균도 얼려 죽일 수 있을 거라 착각하지만, 식중독균은 영하 20℃에서도 견딜 만큼 생명력이 강해 냉동실 전체에 식중독균을 퍼뜨릴 수 있다고 한다. 음식물 쓰레기의 세균 죽이려다 내가 먼저 죽을 뻔했다. 음식 쓰레기는 싱크대에 오래 모아두기보다 가장 작은 사이즈 봉투를 구입해서 제대로 밀봉처리 하고, 그때그때 내다버리는 방식을 택하고 있다. 초파리 원천봉쇄다.

설거지는 개수대에 남은 세균까지 소독해야 제대로 된 마무리라 할 수 있다. 세균번식의 온상인 개수대의 하수구에는 베이킹소다와 식초를 활용해 이틀에 한 번 꼴로 살균소독 작업을 한다. 세균측정기를 써서 실제로 테스트를 해 봤는데, 베이킹소다와 식초가 만나니 1000단위의 세균수치가 0으로 떨어지는 걸 내 눈으로 똑똑히 봤다.

이렇게 말하고 보니 '네가 무슨 설거지의 달인이라도 된다고 생각하냐' 할 수 있겠지만, 설거지 중독자, 설거지 성애자쯤이라면 틀린 말도 아닌 것 같다. 설거지가 하고 싶어서 식사를 하고 싶을 정도라고 하면 믿으실라나.

예전에 〈나는 자연인이다〉에서 아궁이에서 타고 남은 재를 꺼내 설거지를 하는 자연인을 보고 크게 충격을 받은 적이 있다. 수세미도, 세제도 없는 맨손 설거지였는데, 그분의 친환경 설거지 내공에 감탄하며 나는 아직 멀었구나 싶었다.

그래도, 이거 하나만은 분명하다. 아무리 넓은 평수의 집으로 이사 가거나 내 수입이 두 배로 늘어난다 해도, 내 평생 식기세척기 사는 일은 없을 것 같다. 그걸 알아버렸기 때문이다.

절대 포기할 수 없는, 세상 어디에도 없는 설거지의 맛!

Life Tip

음식 쓰레기인 척하지만 알고 보면 일반 쓰레기?

조개, 닭뼈, 생선가시 등 딱딱하다 싶으면 일반 쓰레기!

대부분의 음식 쓰레기는 가축 사료용으로 활용되는데, 딱딱한 뼈나 가시는 비료나 사료로 쓰일 수 없기 때문에 종량제 봉투에 버려야 한다.

양파뿌리, 파뿌리, 옥수수껍질처럼 질긴 것 역시 일반 쓰레기!

섬유질이 많아 분쇄가 쉽지 않을뿐더러, 가축의 소화 능력을 떨어뜨리기 때문에 종량제봉투행!

복숭아, 살구, 감 씨앗도 일반 쓰레기!

고민될 때는 소나 돼지가 먹을 수 있을까 없을까를 생각해 보면 쉽게 답을 알 수가 있다.

음식물 쓰레기 냄새 걱정 없이 처리하는 법

음쓰 봉투에 넣을 때는 최대한 물기를 제거하자. 또 폐페트병의 뚜껑을 포함한 입구 부분을 3cm 정도 칼로 잘라낸 다음, 음쓰 봉투의 입구에 끼워 넣어 밀폐기능을 더한다. 지독한 악취가 80%까지 사라지는 경험을 하게 될 것!

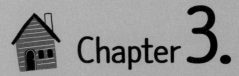

Chapter 3.

시도해 보기,
절약

영원히 고통받는 옷무덤

••• 캐리 브래드쇼가 가진 대부분의 것을 부러워하지 만나의 오랜 롤모델로 뉴욕에 여행 갔을 때 가장 먼저 찾아간 곳이 〈섹스 앤 더 시티〉의 주무대였던 그녀의 집이었다 그중 최고는 단연 그녀의 독보적인 드레스룸이다. 집었다 하면 샤넬, 걸쳤다 하면 프라다, 신었다 하면 마놀로 블라닉. 혼자 살면 저런 드레스룸 꼭 한 번 갖고 싶다는 로망을 품고 살았으나 현실과 로망은 가까워질 줄 모르고 여전히 답보상태다.

침실이자 주방이자 거실기능을 하는 나의 작은 원룸에 옷만을 위한 공간 따위는 애초에 존재하지도 않았다. 자취를 처음 시작할 때만 해도 2단 행거로 버틸 만했는데, 시간이 지나면서 옷 무게를 견디지 못하고 무너져 내리기 일쑤였다. 이때 눈치챘어야 했다. 행거가 무너짐과 동시에 옷 무덤의 운명이 시작됐다는 것을.

단순히 수납의 문제라 생각했다. 수납공간을 충분히 확보하고 제자리에 보관하면 깔끔하게 해결될 문제로 보였다. 옷장과 서랍장을 장만해 바지는 바지대로, 상의는 상의대로 구분해 수납하고 나니 언뜻 완벽한 듯했다. 하지만 그것은 명백한 착각이었다. 새옷의 증가 속도는 헌옷이 버려지는 속도보다 배나 빨랐고, 옷장과 서랍장이 금세 포화상태가 되자 무인양품에서 대형 수납함 3개를 추가로 구입해 서랍장 위에 쌓아올려야 했다. 거대한 삼층옷탑이 탄생하는 순간이다. 다음 날 출근할 때 입을 옷 한 벌씩만 걸어둘 요량으로 사 둔 작은 행거도 옷걸이 하나 더 걸 수 없을 만큼 빼곡해졌다.

원룸 공간의 절반가량을 옷이 차지하게 되는 순간, '맙소사. 여기는 사람이 사는 집인가, 옷이 사는 집인가.'

고백하건대, 나는 중증 쇼핑 중독자였다. 적어도 일주일에 3, 4일은 ZARA와 H&M에 들렀고 살만 한 게 정 없으면 하다못해 헤어핀이라도 사들고 귀가했다. 수년에 걸쳐 계속된 퇴근길 루틴이라고나 할까. 지갑 열기에 부담이 없는 심리적 마지노선 5만 원. 그 한도 내에서는 죄책감 없이 긁고 또 긁었다. 늘 새롭고 짜릿했다. 누가 뭐래도 쇼핑이 최고다. 기분전환으로 새옷만큼 효과가 확실한 게 없었다.

1년에 두 번 있는 정기세일 날이면 이건 뭐 축제다. 몇 달 전부터 달력에 날짜를 미리 체크해 두고, 디데이가 되면 매장 오픈 시간에 딱 맞춰 튀어들어가여기서는 '튀어'라는 표현이 가장 적확하다 추수하듯이 옷을 걷어 들였다. 세일폭이 최소 50%라 최대한으로 쟁여두는 게 이득이라 생각했다. 쇼핑하느라 30만 원을 쓰긴 했지만, 원래 가격으로 따지면 오히려 30만 원을 번 셈이 되니까 틀린 계산은 아니다. 돈을 쓰는 중이 아니라 버는 중이라는 기적의 논리가 여기서 나온다.

애초에 계획적인 쇼핑이란 건 없었다. 대부분이 순간의 기분 전환을 위한 스트레스 해소용이거나 싸다는 이유로 덮어두고 산 옷이 대부분이었는데, 한 사이즈 작은데도 살 빼면 입어야지 하며 산 게 또 한 트럭 이런 대책 없는 쇼핑의 부작용은 다음과 같다.

- 충동적으로 사다 보니 오래 입을 수 있는 옷보다 개성 강한 독특한 옷들이 많다.
- 그래서, 옷은 많지만 정작 입고 나갈 게 없는 아이러니를 매일 아침 경험한다.
- 세일할 때는 내 취향이 아닌 옷들까지 구입해 결국 한 번도 입지 않은 옷들이 쌓여 있다.
- 서랍장에서 오늘 산 옷과 비슷한 디자인의 옷을 반드시 발견하게 된다.

심지어, 사계절 중 가격대가 비교적 저렴한 여름옷들은 매일 한 벌씩 갈아입는데도 끝내 개시 한 번 못하고 내년을 기약한 게 수두룩하다. 수납공간이 없어 쇼핑백 안에서 나오지도 못한 채 대기 중인 옷이 천지다. 정상이 아니라는 걸 나도 잘 알고 있으니 너무 욕하지는 마시라.

헌옷수거함에 주기적으로 옷을 버리는데도 옷장이 늘 포화상태라면, 수납이 아니라 소비의 문제라는 게 확실하다. 매달 적게 잡아도 5벌씩은 사댔는데 그중에 막상 입는 건 별로 없다. 입지도 않을 옷으로 낭비한 돈을 계산기로 두드려 보니… 악, 눈물이 앞을 가린다. 유효기간이라 봐야 하루 이틀이면 끝날 기분전환 비용으로 사치도 이런 사치가 없다. 3만 원, 5만 원 쓰는 걸 껌 값 정도로 여겼으니 1년에 돈 백은 우습게 나갔을 거다. 남는 게 없는 소비의 최후는 후회와 자책과 허무한 기분뿐이더라. 내가 원룸에서 벗어나지 못하는 이유가 이놈의 영양가 없는 쇼핑 탓인지도 모르겠다. 그래서,

옷 소비 습관 개조를 위한 시무 10조를 마련하기에 이르렀다.

1조. 옷을 절대 충동적으로 구입하지 마라

2조. 몇 번이나 입을 수 있는 옷인지 생각하고 구입하라

3조. 매칭해서 입을 옷과 신발이 없는 옷이라면 애초에 사지 마라

4조. 옷은 보기에 예뻐서 사는 게 아니라 나한테 어울려야 사는 거다

5조. 싸다고 무작정 사지 마라

6조. 사이즈 안 맞는 옷, 살 빼서 입으려는 생각을 하지 마라

7조. 가격 택 떼기 전에 이미 유사한 옷이 있는지 확인하고 있다면 즉시 환불하라

8조. 새옷을 사더라도 일주일간 유예기간을 두고, 그 사이에 입지 않았다면 환불하라

9조. 옷이 들어올 공간을 마련하지 않고 구입부터 하지 마라

10조. 굳이 없어도 되는 옷은 사지 않는 게 답이다

10가지 소비 원칙을 마련하고 가장 먼저 한 것은 필요 없는 옷을 버리는 일이었다. 사방에 쌓여 있는 옷들이 족쇄처럼 느껴지곤 했는데, 비우고 나니 해방감마저 느껴졌다. 수납장의 빈 공간은 그대로 유지하려 하다 보니, 귀신에 홀린 사람처럼 새 옷을 사들이는 습관도 자연스럽게 멈췄고, 카드값 폭주도 멈췄다. 퇴근길 옷쇼핑 루틴에서 벗어난 것만으로도 제2의 인생을 사는 기분이다. 그렇게 홀가분할 수가 없다.

그리고 누가 말했다. '옷은 실루엣 게임'이라고. 뼈를 때리는 명언이다. 괜히 신상 아이템 뭐 나왔나 기웃거리지 말고, 그대로 운동화 끈 질끈 묶고 밖으로 나가 지방을 걷어내는 편을 선택하련다.

Life TIP

옷장 다이어트도 하고 세금혜택도 누리는 법

아름다운 가게

우선 나도 못 입을 상태의 옷이라면 해당 사항이 없다. 재판매 한 후 어려운 이웃을 돕기 위한 목적이기 때문에, 오염이 심하거나 신던 양말, 속옷, 로고가 대문짝만 하게 박혀있는 단체복은 불가하다. 사람이 혼자 들 수 있을 정도, 즉 15kg 내외 박스로 3개 이상이 되면 방문수거가 가능해 편하게 이용할 수 있다. 중요한 건 기부영수증을 발급해 주기 때문에 연말정산 시 절세혜택을 누리를 수 있다는 것. 잊지 말고 신청하도록 하자!

옷캔(OTCAN)

아름다운 가게가 재판매를 통한 수익금으로 어려운 이웃을 돕는다면, 옷캔은 기부받은 의류를 직접 국내외 소외계층에게 나눠준다는 차이가 있다. 아름다운 가게에 비해 기준이 까다롭지 않아 약간의 보풀이나 오염이 있는 옷도 수거가 가능한데, 그렇다고 찢어지거나 심하게 훼손된 옷은 당연히 불가하다. 옷뿐만 아니라 신발, 가방, 모자, 작은 인형 등도 가능하니 참고하자. 단, 박스당 1만 원의 기부금을 받고 있으며, 역시 기부영수증을 신청할 수 있어 절세 혜택을 챙길 수 있다.

헌옷수거함에 내다 버리기는 아까울 때
열린 옷장

서울시에서 운영하는 무료 정장 대여 서비스가 바로 열린 옷장이다. 취업준비생들이 면접 시 무료로 정장을 입을 수 있도록 해 주는 공유 서비스로, 당연히 면접에 어울리는 정장만 기부가 가능하다. 열린 옷장에 기부를 신청하고 박스를 배송해 주는데, 정장을 담아 반송하면 끝!

전국 유기견 보호센터

입을 수 없는 의류나 천은 물론, 낡고 해진 수건이나 이불도 기부가 가능하다. 단, 강아지들이 물어뜯을 수 있는 솜이불은 불가하니 참고하자.

공과금 절약 변태

••• 이번 달 휴대폰요금으로 11,600원이 청구됐다. 만원이 겨우 넘는 금액이다. 선방했다. 아주 기특하다. 우리 팀 동료 작가들이 매달 내는 요금에 비하면 경이로운 수준이다. 혹시 삐삐 요금이나 011시절 요금 아니냐 의심할 수 있겠으나, 현재 나의 휴대폰요금이 확실하다. 10년 넘게 장기간 쓰기도 했고, 온가족 할인도 받고 있지만, 데이터 요금이 저렴한 알뜰요금제를 가입한 덕에 특별한 변수가 없는 한 이 정도의 금액대를 유지할 것 같다. 나 같은 사람 때문인지는 몰라도 이 요금제는 더 이상 가입이 안 된다고 한다. 버스나 지하철은 물론이고 카페며 식당, 서점까지 나의 동선에 와이파이 없는 곳이 없고, 출퇴근길에 오가며 듣는 팟캐스트는 미리 다운로드 받아 듣고 있어 데이터를 따로 쓸 일이 없다시피 하다.

사람마다 변태적으로 아끼는 분야가 하나쯤 있기 마련인데 나에게 휴대폰요금이 그렇다. 잘들 떠올려 보시라. 무조건 하나 있다에 내 손 모가지 하나 건다. 다른 걸 몰라도 유독 휴대폰에 들어가는 돈이 그렇게 아깝다. 매달 11,600원의 금액을 맞추기 위해 소액결제도 멀리하고, 무료 데이터도 다 쓰면 없는 대로 살고, 통화도 무료통화가 가능한 80분 내에서 해결하려고 한다. 이렇게 말하고 보니 진짜 변태가 맞는 것 같기도. 요금이 12,300원이라도 찍힌 날에는 주식에서 큰 손해라도 본 것처럼 아까워 죽을 지경이다.

다년간 몸에 밴 휴대폰요금 절약이 불러일으킨 나비효과일까. 절약변태 정신은 공과금에서도 여지없이 발휘되고 있다. 생활인으로 매달 내야 할 요금이 이렇게나 많다는 걸 혼자 살기 시작하면서 처음 알았다. 휴대폰요금 외에도 수도요금, 전기요금, 가스요금, 인터넷요금, 유선방송요금까지 총 6개 항목 가운데 수도요금을 제외한 금액이 매달 통장에서 칼같이 자동이체 되고 있는데, 이걸 다 합치면 비용이 만만치가 않다는 거다. 특히 이 작은 집에서 난방비로 이런 무자비한 금액이 찍힐 수 있다는 사실에 크게 경악했다. 겨울이면 가스비가 무려 14만 원에 육박한다. 1평당 만 원도 넘는 금액이 나온다는 계산이다. 내 집으로 청구되는 모든 비용은 전액 내가 부담해야만 한다. 백화점에서 큰돈 쓰면 물건이라도 남지만, 공과금은 큰돈 낸다고 없던 게 생기는 일은 일절 없다. 남는 게 없는 장사라는 얘기다. 고로 아낄 수 있는 만큼 최대로 아끼는 게 상책이라는 결론이 나온다.

6개월간 백수로 살았던 뼈아픈 시기가 있다. 만 2년간 몸담았던 프로그램이 갑자기 폐지되고 졸지에 실직자 신세가 되었는데, 한 두 달이 지나고 반년이 다 되도록 일이 없어 방구석 1열에서 텔레비전이나 시청하는 게 하루 일과의 대부분을 차지했다. 해당 프로그램을 맡게 될지 모를 상황에 대비한 모니터링 활동이라고 해 두자. 수입은 없는데 월세는 꼬박꼬박 내야 하고, 각종 공과금도 얄짤 없이 통장에서 썰물처럼 빠져나가던 암흑기였다. 월급이 따박따박 입금될 때는 잘 티가 나지 않았지만, 수입이 끊기면서 공과금은 묵직한 존재감을 드러냈다.

아마 그때였던 것 같다. 내 안의 절약 변태가 태동한 것이. 수도요금은 공동주택 특성상 n분의 1로 십 원 단위까지 주판알 두드려서 주인집 통장에 입금하기 때문에 특별히 줄여야 할 이유가 없었다. 하지만, 백수에게 인터넷은 확실한 사치. 무료 와이파이가 이렇게 많은데 굳이 집에서 인터넷을 쓸 필요가 있을까 싶었다. 통신사에 전화를 걸어 당분간 사용하지 않게 됐다며 일시 정지를 요청했다. 해당기간 동안 약정기간이 길어질 뿐 요금이 부과되지 않았다.

한 달에 1~2만 원 나오는 전기요금도 절약 대상이다. 눈에 보이는 족족 전기 코드를 뽑아 대기전력을 줄이는 것만으로도 심심찮게 효과를 볼 수 있는데, 공교롭게도 전기밥솥 폐기처분 시기와 맞물려 전기세 절감이 쏠쏠했다. 예전에 돈 절약 고수들의 노하우를 전수하는 방송을 기획한 적이 있는데, 가정집에는 전기 도둑 쌍두마차가 있다고 했다. 눈에 잘 띄지 않는 곳에서 매달 3,000원의 전기를 야금야금 먹고 있는 셋톱박스, 그리고 냉장고에 들어가는 전력의 무려 2배를 쓰는 전기밥솥보온모드일 때 전기가 술술 빠져나간다고 한다이 대표적인 전기 먹는 하마라는 거다. 의도한 건 아니었지만 전기밥솥을 사용하지 않는 것만으로도 전기요금 절감에 큰 기여를 한 셈이 되었다. 휴대폰이나 노트북, 청소기는 완충된 후에도 코드를 꽂아두면 전력소모가 있다는 얘길 듣고, 빨간불이 노란불로 변하면 재빨리 코드를 뽑는다. 가정집에서 전기절약은 새는 대기전력을 막는 게 포인트다.

6개월간의 백수생활을 청산하고 다시 프로그램을 맡게 되면서 통장 잔고는 늘어났지만, 아끼기 변태 시절의 습관은 그대로 몸에 배었다. 지금까지도 출근하면서 냉장고를 제외한 모든 가전제품의 전원을 아예 차단하고 나오는 편이다. 단 하나 부작용이 있다면, 남의 집에 가서도 쓸데없이 켜져 있는 전등을 보면 끄고 싶어서 손이 벌벌 떨린다는 건데, 어디까지나 내 집에서만 불 끌 권리가 있음을 상기하며 내 오른손을 타이른다.

매달 말일 휴대폰 문자에 자동이체된 공과금 목록을 볼 때면 육상선수가 기록을 확인할 때와 같은 기분이 된다. 요금의 숫자를 줄여나갈 때 상당한 쾌감이 느낀다. 작은 규모의 살림이라 아무리 줄여도 기껏해야 만 원 미만이지만, 티끌도 1년 모으면 10만 원, 10년이면 100만 원이다.

그런데, 뭘 또 그렇게까지 아끼냐고? 그렇게 아낀 돈으로 소고기 한 번 더 사먹을 거다. 뭐니 뭐니 해도 먹는 게 남는 거다.

공과금 절약하는 법

각종 공과금 청구서 모바일로 받기

전기요금을 자동이체하면 1%까지 할인이 가능한데, 여기에 청구서를 지로 대신 모바일로 신청하면 매달 200원의 추가 할인받을 수 있다. 도시가스는 안타깝게도 해당사항이 없다. 수도세는 아리수 사이버 고객센터를 통해 자가 검침하는 방법을 추천한다. 인터넷을 이용해 고지서를 직접 작성하면 600원을 할인받을 수 있다고 하는데, 공동주택의 경우 해당사항이 없다는 게 함정.

에어컨 & 냉장고 전기요금 절약하는 비법

여름에 오기 전에 반드시 필터 청소를 하자. 먼지, 곰팡이 등이 호흡기로 들어오는 것을 방지하는 효과도 있지만 필터가 깨끗하면 전기세도 절약할 수 있다. 보일러와 마찬가지로 처음부터 낮은 온도로 설정했다가 적정온도로 변경하는 게 냉방효율이 좋다. 또 에어컨과 서큘레이터(또는 선풍기)를 마주 보게 하면 방 안 온도를 더 빨리 낮출 수 있어 전기세 절약에 도움이 된다.

냉장고는 70/100의 법칙만 기억하자! 냉장실은 70%, 냉동실은 100%를 채웠을 때 효율이 가장 좋다고 한다.

에코 마일리지로 1년에 10만 원 벌기

에코 마일리지는 전기, 수도, 도시가스를 절약해서 마일리지를 적립하는 프로그램. 동네 주민센터에 방문해서 신청서를 작성하거나 각 시의 에코마일리지 홈페이지에서 누구나 신청이 가능하다. 단, 아파트가 아닌 주택에 사는 경우라면, 우리 집 고객번호를 미리 파악하고 가는 걸 추천. 주민등록증 하나 들고 주민센터 방문했다가 고객번호를 몰라 재방문하게 되는 번거로움을 피할 수 있다.

냉장고 파먹기 챌린지

••• 방송하다 보면 연예인 집을 촬영할 때가 종종 있는데, 가장 공개를 꺼려하는 공간이 있다면 열이면 열 주방, 좀 더 정확히 말하면 냉장고다. 냉장고 상태가 안 좋으니 '여기만 빼고' 찍으라고 한다. 사실 우리는 '여기를 찍으러' 온 건데 말이다.

세상에 냉장고 광고만 한 판타지가 없다. CF에 나오는 냉장고에는 여백의 미가 흘러넘친다. 심지어 채소들은 들숨날숨 뱉어가며 여유롭게 살아 숨을 쉰다. 하지만, 현실에서는 고도의 테트리스 실력을 발휘해 빈틈없이 쌓다쌓다 숨통 막히는 게 대부분이다. 연예인 집이라고 다르지도 않다. 문짝을 여는 순간 일단 숨통이 막힌다고 봐야 한다.

땅굴 파듯이 하나씩 꺼내 보면 유효기간이 3년이나 지난 냉동만두, 먹다 남은 치킨과 족발, 작년 설부터 터 잡고 앉은 가래떡, 주로 이런 식이다. 언제 보관했는지 모를 먹다 남은 음식도 처치곤란인데, 여기에 매주 새로 구입한 식재료들이 뒤엉켜 '냉장고'인지 '냉창고'인지 분간할 수 없는 지경에 이르게 된다.

'어? 이거 우리 집 얘긴데?'

그렇다. 대부분의 가정집이 겪는 문제지만, 살림 규모가 작은 자취생의 집이라고 사정이 크게 다르지 않다는 게 함정이다. 꼭 남 일처럼 말했지만 사실 우리 집 냉장고 얘기다. 혼자 살아서 먹는 입은 분명 하나인데 뭘 그렇게 잡숫는지, 냉장고에 음식이 있는데도 매번 장을 봐서 채워 넣다 보니 늘 미어터지기 직전의 상태가 된다. 냉장고에 죽은 음식 살려내는 심폐소생 기능이 있는 것도 아닌데, 오래된 음식도 언젠가 먹겠지 하고 박아 두고는 미련을 못 버린다. 영하 4℃의 냉장고 안에서도 세균은 자라고 음식물에 곰팡이도 핀다. 결국은 음식물 쓰레기가 될 운명이라는 거다. 이게 다 버려지는 돈이라고 생각하니 아까워 죽고 싶은 심정이다. 내 돈! 피 같은 내 돈!

살림의 고수들 사이에서 냉장고 파먹기, 일명 냉파는 선택사항이 아닌 무조건 하고 봐야 하는 절약수칙이다. 냉파에는 3단계 원칙이 있는데, 먼저 냉장고 속 식재료들을 파악하고 유효기간 지난 식품은 과감히 버리는 게 1단계, 기존의 재료부터 우선적으로 소진하는 게 2단계, 새로 장을 보더라도 기존의 재료와 활용할 수 있는 품목 위주로 구입하는 게 3단계 수칙이다. 4인 가구 기준으로 한 달에 10만 원 이상은 절약할 수 있다는데, 1년이면 120만 원이고 120만 원이면 동남아 리조트 여행도 갈 수 있는 돈이다. 1인 가구인 나도 평균 주 2회는 마트에 가고 특별히 장볼 게 있다기보다 마음이 헛헛할 때 마실 가듯이 습관적으로 이마트에 가게 된다 한 번 가면 영수증에 2~3만 원은 기본으로 찍히니까 타임세일 식품이 있으면 다 먹지도 못할 양이라도 카트에 담고 보는 게 특기 한 주만 장을 보지 않고 참으면 한 달에 5만 원은 너끈하게 절약할 수 있을 것 같았다.

일단 냉장고 점검이 필요했다. 부침개 한 번 해 먹은 뒤로 거들떠보지 않았던 부추 한 단, 어니언스프 해먹으려고 씻어둔 양파, 1+1으로 사둔 두부, 역시 1+1으로 붙어 있던 슬라이스 치즈, 햇반에 얹어 덮밥 만들어 먹으려고 산 낫또, 10구짜리 계란. 당분간 장을 보지 않아도 먹고사는 데 아무 지장 없을 만큼 충분한 양이다.

집에서 식사하는 횟수는 보통 한 끼, 많아야 두 끼다. 이 정도 양이라면 일주일이 뭔가, 솔직히 열흘 먹기에도 넉넉하다. 매일 마시는 우유만 그때그때 집 앞 슈퍼마켓에서 해결하고, 나머지는 기존의 남은 재료만을 활용해 끼니를 해결해 봤다. 채 썬 양파를 볶아 얹은 양파덮밥, 치즈 듬뿍 올린 고소한 계란찜, 계란 물 입혀 구운 두부부침, 우유 넣고 만든 부드러운 에그 스크램블. 잘게 썬 부추에 계란물 넣고 달달 볶은 부추계란볶음, 햇반에 부추와 계란프라이, 김치 썰어 넣고 만든 부추비빔밥까지. 이건 뭐 화수분이다. 나의 창의력의 끝은 어디인가 싶다.

물론 위기의 순간은 예기치 못한 곳에서 불쑥 찾아오기 마련이다.

TV에서 누가 짜파게티 끓여먹는 장면이 나오면 당장 냄비에 물 올려 놓고 슈퍼로 달려가고 싶고면치기라도 하는 장면이 나오면 거의 고문 받는 수준이다 우연히 인스타그램에 #덮밥을 검색했는데 낫또에 아보카도에 계란 반숙, 김 가루까지 잔뜩 얹어놓은 피드를 보면 소박하기만 한 나의 덮밥보다 정확히 100배쯤은 맛나 보인다 얼른 아보카도를 사다 슬라이스해서 올려 보고 싶은 충동이 생기기도 한다. 이럴 땐 눈 딱 감고 하루만 참아보자. 먹고 싶어 죽겠던 절실함이 시간이 지나면서 반으로, 반의 반으로, 반의 반의 반으로 소멸하는 놀라운 경험을 하게 된다.

꽉 막혔던 내부에 서서히 빈 공간이 보이기 시작하니, 뭔가 해내고 있다는 성취감마저 든다. 냉장고의 여백이 절반 이상 확보되어야지만 장을 볼 수 있는 자격이 생기기 때문에, 이제 습관처럼 마트에 들러 내키는 대로 식재료를 사거나, 1+1이라고 다 먹지도 못할 양을 장바구니에 담는 일도 없다. 무계획 장보기와는 이제 작별이다.

마트 중독자였던 주제에 그 어려운 걸 해내고 있다는 게 기특하다. 냉장고 파먹기를 시작한 뒤로 식비가 절감 된 건 두말하면 입 아프고, 더 이상 창고처럼 쓰지 않으니 위생적으로 관리하게 됐다는 점도 이득이다. 절대 후회할 일 없으니 한번쯤 도전해 보시라. 한정된 식재료로 일주일을 버티다 보면 생존게임 같기도, 두뇌게임 같기도 한 게 은근 중독성 있다.

Life **TIP**

냉장고 파먹기 효율 올리는 똘똘한 관리 루틴

1. 선입선출은 편의점에만 있는 게 아니다

먼저 구입한 식재료를 먼저 해치우는 걸 원칙으로 해 보자. 냉장고 속 식품들의 신선도를 유지하는 가장 좋은 방법이다.

2. 장본 영수증 냉장고에 붙여두기

보통 내가 뭘 샀는지 몰라 냉장고 속에 있는 식품을 또 사기도 한다. 영수증을 수시로 확인할 수 있게 하고, 다 소비한 항목은 펜으로 지워두자. 또. 영수증이 붙어 있으면 냉장고에 뭐가 있더라, 하고 문 여는 일도 줄일 수 있다. 문 한 번 열 때마다 전기세가 줄줄 빠져나가니, 그것만으로도 개이득.

3. 냉장고 관리 어플 활용하기

우리 집에 있는 식재료, 예를 들어, 파, 당근, 두부, 계란 등을 입력하면, 냉장고 속 재료로 조합 가능한 레시피를 알려주는 어플부터, 유통기한이 다가왔을 때 경고해 주는 알림 기능 어플까지 활용해 볼 만하다. 앱스토어에서 '냉장고 관리'를 검색해 이용해 보자.

취향존중의 비용

••• 해도 해도 너무 한다. 사람 참 질리게 한다. 어떻게 샴푸 한 통이 600㎖나 될 수 있단 말인가. 용기에는 분명 600㎖라고 쓰여 있는데 체감상으로는 한 600ℓ쯤 되는 것 같다. 뭔 놈의 샴푸가 아무리 머리를 감아도 양이 줄어들 기미가 보이질 않는다. 이러다 이번 생 안에 다 쓰지 못하고 죽을지도 모르겠다.

설날에 본가에 내려갔다가 엄마가 챙겨주는 바람에 얼떨결에 가져온 대용량 샴푸가 있다. 한겨울에 받아온 샴푸를 매미가 올 때까지 사용하고 있다는 게 도저히 믿기지가 않는다. 오해하지 마시라. 매일… 거의… 웬만하면 머리 감는다. 진짜다. 그건 그렇고 샴푸 하나 가지고 왜 이렇게 성이 나 있냐고? 그러게나 말이다. 혼자 사는 딸 생활비 아껴줄 생각으로 주신 건데 감사한 줄을 알아야지 도리어 성질이나 내다니. 배은망덕도 유분수다. 불효자는 웁니다. 끄억.

자취 시작하고 초반에는 뭐든지 아끼는 게 장땡이었다. 웬만한 생활용품 쇼핑은 다이소에서 해결했기 때문에 VIP고객이 되는 건 시간 문제였다. 샴푸부터 린스, 바디클렌저까지 싸고 양이 많아야 내 장바구니에 들어갈 자격을 얻었다. 치약은 5개 묶음이 기본, 비누도 4+1은 되어야 했다. 전쟁 대비하는 벙커마냥 화장실 수납장에 일단 쟁여놓고 봤다. 그래도 제품을 선택할 때 최소한의 기준은 있지 않았냐고? 전혀요! 이때는 취향이고 브랜드고 뭐고 없다. 무조건 싸고 봐야 했다. 사실 그때만 해도 선호하는 브랜드나 취향이랄 것도 없었으니 특별히 아쉽거나 억울할 일도 없었다.

6인 가족이 한집에 살 때 이야기다. 참고로 우리 집은 4남매다. 샴푸건 비누건 장르를 불문하고 이 모든 걸 구매하는 건 오직 엄마의 권한이었다. 여느 집처럼, 엄마의 지갑에서 나온 돈으로 산, 엄마가 선택한 제품을 쓸 수밖에 없는 구조라는 말이다. 절약정신으로 치면 한강 이남에서 다섯 손가락 안에 드는 엄마 덕에, 웬만해서는 닳지 않는 오이비누로 세수를 하고, 우체국에서 사은품으로 받은 2080치약으로 양치를 했으며, 대용량 해피바스 클렌저로 샤워를 하고, 브랜드가 달라 짝이 맞지 않는 샴푸와 린스로 머리를 감았다. 그러다 쓰던 제품을 다 떨어져 추석에 선물세트로 들어온 한방샴푸를 개봉하는 날이면, 좀 설레었다. 고급스러운 한약재 냄새가 내 머리칼을 감쌀 때는 이것이 자본주의의 맛이구나 싶었다.

엄마의 영향이기도 했고, 더 정확히 말하면 사실 뭐 돈이 없기도 했다. 대용량 제품들은 자취생활의 든든한 동반자였는데, 서울에서 자리를 잡아가고 해외여행을 다니기 시작하면서 끈끈한 동맹 관계에 균열이 생기기 시작한 거다. 참고로, 다른 건 다 아껴도 여행에는 돈 안 아끼는 타입.

고급 호텔이나 리조트에서 공짜로 제공되는 어메니티에 적잖은 충격을 받았달까. 일본 삿포로의 호텔에서는 록시땅이, 신라호텔에서는 영국 왕실에서 쓰는 몰튼 브라운이, 유럽의 한 호텔에서는 무려 에르메스가 어메니티로 제공됐는데, 써 보니 확실히 느낌이 달랐다. 패키지 디자인부터가 감각적이고 럭셔리할 뿐 아니라, 뚜껑을 열면 평소 익숙했던 인공적인 과일향 대신 묵직한 고급 향이 느껴졌다. 저렴한 제품과 달리 계면활성제가 첨가되지 않았는지 거품이 잘 나지 않는 것도 뭔가 고급느낌 나고 좋았다. 고급, 고급, 고급 잔치가 열렸다. 역시 돈이 최고다.

어메니티가 놓여 있는 대나무 바구니를 제외하고 공짜로 챙길 수 있는 건 모조리 싹쓸이했고, 숙소에 머무는 중에는 추가로 요청한 어메니티를 사용했다. 그 역시도 쓰고 남으면 내 가방 속으로 직행한 것은 물론이다. 그리고 깨달았다. 반평생 함께 해 온 과일향 나는 대용량 제품은 나의 취향이 아니었구나.

그 후로, 더 이상 저렴한 대용량을 사지 않게 됐다. 자본주의의 달콤함을 알아버렸기 때문이다. 모르면 몰랐지, 역행이 안 된다. 남들이 좋다고 추천하는 제품들을 이것저것 쓰다 보니, 없던 취향이란 것이 생겼다. 샴푸는 허브로 만든 라우쉬 제품이 좋고, 바디워시는 오일 타입의 아벤느가 좋고, 핸드워시는 연예인들 집마다 하나씩은 있는 이솝이 좋고, 치약은 민트향이 산뜻한 덴티스테가 좋다. 물론 지금의 취향이 생기기까지 실패한 제품들이 한 트럭이다. 하나같이 양은 적고 가격은 비싸다는 게 공통점이다. 원래 쓰던 제품보다 가격은 배로 비싸지만, 뼈 빠지게 고생해서 돈 벌어 온 나에게 베푸는 나름의 작은 복지쯤으로 여기고 있다. 그리고 이거 좀 산다고 안 굶어죽더라. 다른 지출에서 절약하면 그만이다.

혼자 살다 보면, 솔직히 외출 없는 날은 몸에 물 한 방울 안 묻히기도 한다. 특히 머리숱이 남들 최소 2배쯤 되는 나는 샤워는 해도 머리는 안 감는 날이 부지기수였다. 확실히 말해 두지만 과거형이다. 영어로는 -ed. 감는 것도 노동이고 말리는 것도 노동이라 건너뛰기 일쑤였는데, 내 취향의 제품들이 생기면서, 씻는 일이 노동에서 휴식시간으로 바뀌게 되는 긍정적인 변화가 생겼다. 고오급향 맡으며 씻다 보면 스파 받는 기분마저 드는 탓이다. 싸구려 제품을 쓸 때보다 피부가 한결 뽀송뽀송해진 느낌적인 느낌을 받게 된다. 이쯤 되면 자본주의의 노예가 확실하다. 진실이야 어쨌든 내가 만족했으면 그걸로 됐지 뭔가.

여전히 온 가족이 함께 살았다면 내 취향 따위는 영원히 발굴되지 못했을 거다. 혼자의 경험이 취향을 만든다. 그런데 한 번에 척하고 내 취향을 발견하게 되는 일은 웬만해서 일어나지 않는다. 실패를 반복하다 하나 얻어 걸리는 게 대부분이다. 그리고 확실한 건, 내 취향의 뭔가가 하나씩 늘어날수록 일상에서 만족감을 느끼는 기회도 늘어난다는 사실이다. 그 크기가 크건 작건 간에 말이다. 그래서 취향에 쓰는 돈은 전혀 아깝지가 않다. 이런 데 쓰려고 돈 버는 거니까.

그나저나 엄마의 대용량 샴푸가 화장실에서 나와 눈이 딱 마주쳤다. 완벽한 대치 상태다. 아직 반 통이나 남았는데 내다 버릴 수도 없고 이거 원 골치가 아프다.

실컷 취향 타령했는데 다시 원점이다. 아무래도 향후 3개월은 엄마의 대용량 취향으로 살아야 할 것 같다는 슬픈 소식을 전한다.

혼자 떠나는 여행

　••• 1년 치 소비항목을 따져봤을 때 적게는 300만 원, 많게는 500만 원까지 지출하는 항목이 있다. 액수만 들으면 절약과는 거리가 먼 명백한 과소비 같지만 자세히 뜯어보면 과소비 아닌 과소비 같은 알고 보면 합리적 소비라고나 할까. 심리적 마지노선인 5만 원 이상의 소비에는 카드를 긁을까 말까 몇 번씩 고민하는 내가 무려 기백만 원이나 되는 큰돈을 신들린 듯이 쓸 수 있는 건 그 사용처가 '여행'일 때만 가능하다.

　물건을 살 때는 대체로 알뜰하지만 경험을 사는 데 쓰는 돈을 아끼지 않으려 한다. 덩어리가 큰 소비의 기준은 명확하다. 내가 쓴 돈이 새로운 부가가치를 낳을 수 있는가, 아니면 그 효력이 단발성으로 끝나는가. 새로 산 물건이 주는 기쁨은 유효기간이 길어야 일주일이지만 여행이 주는 행복은 만료시기가 없다. 어제 점심에 뭘 먹었는지는 기억 못해도 10년 전 런던 노팅힐의 노점에서 사 먹은 쫀득한 브라우니 맛은 지금까지도 생생하다. 값비싼 명품가방도 시간이 지나면 중고가 되지만, 여행으로 얻은 경험은 낡지도 닳지도, 누가 훔쳐갈 수도 없는 온전한 나의 재산이다.

가끔 퇴근길에 버스를 타고 마포대교를 지날 때마다 반복하게 되는 습관이 있다. 창밖을 바라보면서 여행지에서 느꼈던 감각들을 떠올리는 거다. JFK공항에 도착해 맨해튼 숙소로 향하는 택시 안에서 바라봤던 뉴욕의 생경했던 풍경이라거나 베트남의 허름한 식당에서 먹었던 반쎄오의 독특한 향이라거나 아니면 와이키키 해변에서 부기보드를 탔을 때 피부로 고스란히 전해졌던 하와이의 뜨거운 햇살이 될 수도 있다. 짤막한 기억들을 복기하면서 스스로 놀라게 되는 건 여행지에서 경험한 오감의 자극이 시간이 지나도 이토록 생생하게 남는다는 사실이다.

마흔이 되도록 지치지 않고 돈 버는 일을 계속할 수 있었던 건, 여행하면서 느꼈던 순간순간의 행복감이 에너지가 되었기 때문이다. 프로그램이 언제 폐지될지 모르는, 또는 내 팀이 언제 잘릴지 모르는 불안정한 방송환경은 그 자체로 스트레스다. 세상 모든 프리랜서의 숙명이기도 하지만. 개미지옥과 같은 직장생활 속에서 여행은 유일한 탈출구가 되어 주었다.

뫼비우스의 띠처럼 시작도 없고 끝도 없는 업무의 연속을 여행을 통해 쉼표 하나씩 찍어준 셈이랄까. 해외여행으로 에너지를 충전하고 돌아오면, 그간 쌓였던 응어리들이 사라지고 새롭게 리셋되는 기분이 되면서, 일터라는 불구덩이로 뛰어드는 일이 한결 수월해졌다. 결국 여행으로 쓴 돈보다 그 덕에 오래 일할 수 있어서 번 돈이 훨씬 많으니, 확실히 남는 장사가 맞다.

박봉 시절에도 녹화가 취소되거나 결방 소식만 들렸다 하면, 득달같이 짐을 싸서 공항으로 달려갔다. 뭐에 홀린 사람처럼 악착같이 여행을 떠났다. 그렇게 신이 날 수가 없다. 여권에 도장 개수가 늘어가는 걸 볼 때면 밥을 안 먹어도 배가 부를 지경이었다. 그렇게 꼬박 10년간 인천공항을 들락날락하다 보니 혼행이라는 콘텐츠가 쌓였고, 나의 경험을 사람들과 어떻게 공유할 수 있을까 고민하다 출판사에 원고를 투고했는데, 운 좋게도 좋은 출판사를 만나 여자 혼자 떠나는 여행의 기술을 담은 여행 에세이를 출간하게 되었다. 방송작가 겸 여행작가라는 새로운 타이틀이 생긴 것만으로도 좋았는데, 방송 페이와 별개로 인세라는 새로운 수입원이 생겨 더 좋았다. 아주 큰 수확이다. 1년에 두 번씩 정산되는 작고 앙증맞은 인세지만, 소고기 사 먹을 정도는 되니 그 재미가 꽤 쏠쏠하다.

꼭 여행이 아니어도 좋다. 나의 1인 가구를 지탱해 주는 원천인 노동의 수명을 연장시켜주고, 더불어 내 영역을 확장시켜주는 일이라면 뭐든 상관없다. 뭔가 그럴싸하게 말하려고 용쓰는 것처럼 보일 텐데, 내 행복에 쓰는 돈은 결국 남는 장사라는 얘기가 하고 싶은 거다.

자, 다들 행복해지러 갈 시간이다. 모두 악착같이 행복해지자. 이 글을 본 사람 중 한 사람도 빠짐없이 모조리 행복했으면 좋겠다, 진심.

Life TIP

피가 되고 살이 된다! 알아두면 유용한 여행 실천 꿀팁

공짜 항공권! 항공마일리지 적립해 주는 신용카드 활용하기

여행을 좋아한다면 이왕 만들 신용카드, 항공마일리지 적립기능이 있는 카드로 혜택받자!

보통 1천당 1~2마일리지 정도 쌓이는데, 그거 모아서 언제 여행가나 싶겠지만 생각보다 시간 금방 간다. 지인 중에 신용카드 아시아나 마일리지로 동남아를 왕복으로 갔다 온 사람이 있다. 돈 안 들이고 항공권 끊는 게 아주 꿀맛이다.

최최최신 정보! 해외 관광청 온라인 뉴스레터 구독하기

요즘은 SNS 해시태그 검색으로 여행지 정보를 많이 검색하는데, 어쨌거나 만천하에 공개된 정보일 뿐! 남들은 잘 모르는 고급정보가 알고 싶다면, 여행지 관광청에 접속해 뉴스레터를 신청하자! 최최최최신 정보를 실시간으로 받을 수 있다. 본인은 하와이 관광청의 뉴스레터를 받고 있는데, 호텔에서 하는 할인행사 프로모션부터 여행책에서는 절대 알 수 없는 지역 훌라 축제까지 최신 정보를 얻을 수 있다.

급할 땐! 패키지와 자유여행 하프 & 하프 상품 활용하기

바쁘다 바빠 현대사회! 직장 다니면서 여행 계획 세우는 게 보통 어려운 일이 아니다. 준비할 시간은 없는데 급하게 여행은 가고 싶을 때, 이럴 때 유용한 게 하프 & 하프 상품이다. 단체로 일정을 소화하는 패키지와 하루 이틀 정도의 자유여행이 혼합된 여행 상품을 말하는데, 여행사에서 항공권, 숙박, 웬만한 레저, 식당까지 준비해 두니, 나는 몸만 가면 끝! 하루 이틀 정도 주어지는 자유시간을 십분 활용하면 알찬 여행으로 만들 수 있다.

위로받고 싶을 땐! 구글맵 없이도 다니는 MY 단골 여행지

단골 까페, 단골 맛집을 가는 데는 다 이유가 있다. 가도 가도 실망시키는 일이 없고 언제나 마음의 위안을 얻기 때문! 여행지에도 단골이 있다면 더할 나위가 없겠다! 구글맵 없이도 어디든 돌아다닐 수 있는 단골 여행지 한둘쯤은 확보해 두자. 나의 경우 여름에는 호이안, 겨울에는 삿포로가 단골 여행지다. 공항에서 호텔, 리조트까지 눈 감고도 찾아가는 건 물론, 어디서 뭘 먹을지, 어떤 레저를 할지 고민할 필요가 없다. 실패 없는 스프카레집, 실패 없는 맥줏집, 실패 없는 커피숍, 실패 없는 루프탑 까페 등 실패가 없는 2박 3일 코스, 3박 4일 코스가 머릿속에 그대로 그려져 있기 때문이다. 같은 여행지를 한번 갔을 때와 두세 번 갔을 때의 느낌이 또 다르다. 언제라도 떠났다가 위안을 얻을 수 있는 마음의 안식처를 만들어보자!

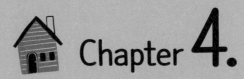

Chapter 4.

준비해 보기,
재테크

일은 적게 하고 돈은 많고 싶어

••• "어맛, 이신화 작가다! 언니, 이신화 작가 알죠?"

"어? 누구?"

"몰라요? 신토불이 작가잖아요." 내 귀에는 진짜 그렇게 들렸다.

"뭐? 신토불이 작가라고? 그게 뭔 프로야. 난 모르는데?"

"아니, 언니… 신토불이가 아니라 스토브리그요. 스토브리그 작가라고요."

"아… 그, 그 드라마…." 이쯤 되면 달팽이관에 문제가 있는 게 확실하다.

어처구니가 없다. 면전에서 이게 무슨 실례란 말인가. 아마도 장내가 워낙 시끄러웠던 탓에 그분은 못 들었을 거…라고 믿고 있다. 방송작가협회 정기총회로 교양, 예능, 라디오, 드라마, 전 장르의 작가 수천 명이 모인 자리였다. 친한 후배 작가가 드라마 과정을 함께 수료하며 친분이 생긴 이신화 작가와 인사를 나누던 차였다. 시청률과 작품성, 모두를 인정받고 백상예술대상에서 TV작품상을 받은 화제의 드라마 작가라니. 대히트한 드라마가 입봉작이라는 사실도 놀라웠는데 그의 나이를 듣고 또 한 번 놀랐다. 그런 히트작은 경력 많은 대작가님들이나 집필하는 줄만 알았는데 이토록 젊은 작가라니. 나는 이 나이 되도록 뭐했나. 내 자신이 초라해지고 박탈감이 밀려왔다.

드라마 작가와 교양 작가의 결정적 차이는 역시 돈이다. 이름만 대면 알 만한 드라마를 집필한 작가들의 회당 원고료는 보통 내가 2년간 일해서 번 원고료와 맞먹는다. 물론 한 편의 드라마를 탄생시키기 위해 오랜 시간을 투자해 피고름으로 집필하겠지만 제작비 규모 자체가 하늘과 땅 차이니 뭐 당연하다. 그래도 예능작가들은 재방료라도 두둑이 챙기니 사정이 그리 나쁘지 않다. 소위 잘 나가는 프로그램은 재방에 삼방에, TV만 틀면 수도꼭지처럼 줄줄 나오니 재방료만으로도 먹고 사는 데 지장이 없다는 얘기가 과장이 아니다.

에라이, 나는 애초에 글렀다. 첫 단추부터 잘못 끼운 거다. 왜 하필 교양 작가를 선택했을까. 전 장르 통틀어 제작환경이 가장 열악한데다 날이 갈수록 이보다 더 열악할 수 없을 정도로 열악해지는 기이한 현상이 벌어지고 있는 곳이 교양바닥이다. 죽어라 일해도, 이거 원, 영 돈이 안 된다.

돈은 많이 벌고 싶지만 일은 적게 하고 싶다. 아니 이왕이면, 가만히 앉아 있어도 돈이 제 발로 굴러들어온다면 더 좋겠다. 행복도를 높이는 가장 확실한 방법은 돈으로부터 독립하는 것이라던데, 프로그램 하나 겨우 맡아 근근이 생활하는 지금의 처지는 독립은커녕, 식민지에 가깝다. 가끔 방송 외에 기업 홍보물 아르바이트도 한다. 돈 몇 푼 더 벌어보겠다고 새벽까지 잠 못 자고 밤샘 작업을 하다 보면, 늘 꼭 후회를 한다.

'아오, 일하기 싫어. 내가 이걸 왜 한다고 했을까….'

돈 몇 푼 때문에 오늘의 행복을 갉아먹는 나라니. 노동 없이 돈 한 번 벌어보고 싶다는 생각이 간절해졌다. 그래서, 그녀를 찾아갔다. 수년 전 프로그램을 함께했던 PD로, 20대에 일찌감치 부동산에 눈을 떠서 30대 초반에 이미 자기 명의 아파트와 따박따박 임대료가 입금되는 오피스텔을 소유한 재테크의 귀재 되시겠다. 아직 집도 절도 없는 내 기준에서는 귀재가 분명하다. 그녀가 매입한 아파트는 1년 새 시세가 2배로 뛰었고, 통장에 묵혀뒀다면 1%의 이자에 머물렀을 돈을 오피스텔에 투자해 이자의 수십 배에 달하는 수익을 내고 있다고 했다. 세상에. 한 팀에서 일할 때만 해도 월세와 전세 정도의 차이였는데, 지금은 처지가 달라도 너무 달라져 있다.

그녀의 부동산 재테크 노하우를 요약하면 이렇다. 큰돈을 모아서 투자하려 하지 말고 종잣돈이 생기면 대출을 받아서 일단 시작하라. 대출받는 것도 처음이 낯설어서 그렇지, 계속 해 보면 익숙해진다고 한다. 투자할 지역을 좁게 설정하고, 직접 발품 팔아가며 해당 지역의 개발 가능성을 꼼꼼히 조사한 뒤에 투자하라. 부동산 업자의 말만 믿고 팔랑 귀가 되면 호구된다며, 집값이 오를 관상인지 아닌지 두 눈으로 반드시 확인하라는 거다. 결정적으로 그녀는 취미부터 남달랐다. 쉬는 날이면 쇼핑몰 투어가 아니라 모델하우스 투어를 돌았다. 어떤 건설사가 좋은 인테리어 자재를 쓰는지, 어떤 건설사가 구조를 잘 뽑는지 비교하는 게 취미였다고 한다. 내가 영양가 없는 쇼핑으로 흥청망청할 동안 그녀는 부동산 정보를 쇼핑하고 다녔던 거다. 세상에 공짜가 없다는 걸 다시 한번 실감했다. 부지런히 발품 판 만큼 보상이 따르는 게 부동산인 걸까.

그동안 부동산 투자는 남의 이야기인 줄만 알았는데, 귀가 솔깃해졌다. 일단 맛만이라도 보자는 심산으로 소형 부동산 재테크 강의를 찾아갔다. 소형 냉장고, 소형 에어컨, 소형 밥솥도 아니고 소형 부동산이라니. 그래도 '소형'이 붙으니 뭔가 만만해 보이는 게 마음에 든다. 나 같은 재린이재테크+어린이가 해 볼 만한 게임일지도 모르겠다는 가벼운 생각으로 일단 강의실로 들어섰다.

강사는 쥐뿔도 없던 시절의 경험담부터 털어놓았다. 지방에서 상경할 때 수중에 든 돈이라고는 3,000만 원이 전부였는데, 2,000만 원은 집 보증금으로, 나머지 1,000만 원을 종잣돈 삼아 부동산 투자를 시작했다고 한다. 무려 전 재산의 1/3을 투자하다니, 여기서부터 한 방 먹은 기분이 들었다. 어쨌거나.

그가 알려준 소형 부동산 투자의 전략을 한마디로 정리하면 '경매와 대출 레버리지'였다. 쉽게 말하면, 경매로 나온 1억 원대 소형 매물을 80%의 가격대 낙찰받고, 본인 자본금 1,000만 원에 나머지 금액은 은행 대출로 해결하는 방식이다. 매달 지불해야 하는 은행이자는 부동산 임대를 통한 월세 수입으로 충당하고, 팔 때는 시세차익을 통해 수익을 낸다는 거다. 강사는 이런 방식으로 지금까지 4~5채의 소형주택을 사고팔며 적게는 1,000만 원대에서 많게는 억 단위의 시세차익으로 돈을 굴려가고 있다고 했다. 과연 신세계다. 노동 없이 1억 원의 돈이 통장에 꽂히다니. 물론 강사는 수년에 걸친 투자 스토리를 1시간으로 압축하느라 그 과정에서 겪었을 불안, 좌절, 실패의 에피소드는 과감히 걷어냈을 거다. 그 부분을 감안하더라도 소형 부동산 재테크로 목돈을 번다는 건 역시 달콤하다.

그나저나 이신화 작가로 시작한 이야기가 어쩌다 부동산으로 튀었냐고? 어차피 이신화 작가처럼 스타 작가가 될 팔자는 아닌 것 같고이래 봬도 상황파악 빠르다, 〈킹덤〉의 김은희 작가처럼 월드클래스가 될 일은 죽었다 깨나도 없을 것 같으니객관적인 자아성찰이 주특기다, 돈은 부동산 재테크로 벌고 집필하는 프로그램으로 그나마 명예라도 얻으면 얼추 그들과 비슷해지지 않을까 하는 희망사항 때문이라고 말하면 어떠시려나.

혹시 누가 또 아는가. 언젠가는 생각한 대로 이루어질지. 아무것도 안 하고 신세 한탄만 하느니 뭐라도 하는 게 부자되는 길에 좀 더 가까워지지 않을까 싶다. 오늘따라 일하기 싫어 죽겠는데, 어디 모델하우스 구경이나 가 볼까나.

카드 없는 날

••• 망했다. 내 통장에 밑이 빠진 게 확실하다.

분명 5년 전보다 수입은 늘었는데 통장에 쌓인 돈이 몇 년째 요지 부동이다. 목돈 좀 모이면 원룸 탈출해서 평수 넓은 집으로 이사 가야지 했건만, 목표와는 1인치도 가까워지지 않고 있다. 혹시 누가 훔쳐갔나? 내가 술 마시고 누구 빌려줬나? 물론 맞는 답이 아니란 걸 잘 알고 있다.

고백하건대 한 달에 얼마를 지출하는지 모르고 살았다. 결혼한 친구들처럼 육아비, 교육비 지출이 없으니 여유롭게 써도 나쁠 거 없다며 스스로 합리화했고, 한 달 수입의 60%나 되는 돈을 카드값으로 쓰기도 했다. 욜로 라이프를 온몸으로 실천하며 버는 족족 써댔다. 수입이 늘어나는 속도는 소비하는 속도를 따라가지 못했고, 여기저기 쓰고 남은 쥐꼬리만 한 푼돈만이 적금통장으로 들어갔다. 그러니 자산이 제자리걸음일 수밖에. 통장에 돈이 쌓이길 기대하다니 도둑놈 심보란 게 사람으로 태어나면 내가 될 판이다.

혼자 사는 건 돈과의 싸움이다. 내가 나를 먹여 살려야 하는 형편이니, 엄밀히 말하면 외벌이 가정과 상황이 크게 다를 것도 없다. 내 의지와 상관없이 직장을 잃거나 혹은 병으로 입원을 하게 되거나, 굳이 따져 보지 않아도 돈을 벌지 못하게 되는 경우의 수는 너무도 많다. 수년 전 6개월간 구직에 실패해 보릿고개를 겪은 적이 있다. 들어오는 돈은 제로인데 나가는 돈은 꼬박꼬박 빠져나가니, 우유 하나를 사도 100g당 가격을 비교해 가며 허리띠를 졸라맸던 기억이 분명 있다. 그런데, 당시의 뼈아픈 기억을 철저하게 망각하고 있었나 보다. 더 벌지 못할 거라면 지출을 줄이는 수밖에 없다는 당연한 진리가 이제야 떠올랐다.

휴대폰을 꺼내 카드내역부터 훑어봤다. 카드사 문자에 [오늘] [오늘] [오늘]… 오늘의 소비내역이 비엔나소시지처럼 줄줄이 엮여서 올라오는데, 푼돈 지출만 해도 상당했다. 부담 없이 긁었던 2,000원, 3,000원이 쌓여 하루에 2만 원을 넘기는 날이 많았는데, 그렇게 쓴 푼돈이 한 달로 따지면 단순계산해도 60만 원이다. 매달 별로 쓴 것도 없는데 왜 카드값은 중산층처럼 나오는지가 의문이었는데, 미스터리가 풀리는 순간이었다. 생각 없이 쓰는 푼돈 소비부터 줄여야 했다.

짠테크 고수들의 조언을 살펴보니, 일주일에 하루는 꼭 '카드 안 쓰는 날'을 만들어 보라고 했다. 카드 없이 생활한다는 게 과연 가능한 일일까 불안했지만, 출근하지 않는 날을 골라 지갑을 집에 두고 외출해 봤다. 집 근처의 교보문고를 들렀다 오는 특별할 것 없는 코스였는데, 모든 동선이 지뢰밭이었다는 사실이 카드 없이 다녀보니 제대로 실감이 났다.

만약 카드를 가지고 나갔다면, 일단 테이크아웃 커피 한 잔 마시고, 교보로 바로 직행하면 좀 서운하니 근처의 H&M홈에서 인테리어 소품 구경하다 세일품목 있으면 하나 득템하고, 정작 교보에서는 잠깐 책 좀 보다가 집에 돌아가는 길에 올리브영에 들러 뭐 세일하는 거 없나 스캔하다가 살 게 없으면 그냥 나오기 머쓱하니 마스크시트라도 한 장 사고, 집에 다 와서는 입이 심심해져서 찹쌀 핫도그 하나를 물고 들어갔을 게 뻔하다. 습관처럼 들렀던 방앗간들을 지나칠 때마다, 마치 근근이 금연에 도전하는 사람처럼 손이 벌벌 떨리는 카드 금단현상을 겪었다. 카드가 있을 때는 눈치채지 못했는데 카드 없이 나가보니 제대로 실감 났다. 이렇게 돈이 엉뚱한 곳에서 줄줄 샜으니 통장이 가벼워질 수밖에.

짠테크 고수들은 카드 안 쓰는 날에 지출하지 않은 금액을 저축해 종잣돈을 마련한다고 하지만, 소비습관을 점검하고 쓸데없는 소비를 줄이는 것만으로도 나에게는 충분한 재테크가 되고 있다. 시속 300km/h로 달리던 스포츠카도 지속적으로 브레이크를 걸어주면 속도가 느려지듯이, 일주일에 하루 카드 없는 날을 살아보니 소비의 속도에도 제동이 걸리기 시작하고 있다. 그간 얼마나 멍청 비용에 많은 돈을 지출을 했는지 의식하게 되니, 카드가 있는 날에도 선뜻 지갑에서 꺼내지 않게 되었다.

처음에는 카드지갑 없이 외출하면 엄마 잃어버린 아이처럼 동공이 불안했는데 습관이 되니 또 적응이 된다. 앞으로 일주일 중 하루를 실천하는 방식에서 이틀로 늘려볼 계획이다. 그런데, 카드 안 쓰기로 한 날 피치 못하게 소비를 했다 하더라도 자신에게 실망하거나 포기하지 마시라. 성공으로 가는 금연 수칙에도 못 참고 한 대 피웠다고 포기 말고, 다음 날 다시 시작하면 그만이라는 말이 있다. 처음이 어렵지 익숙해지면 할 만하다. 그게 뭐가 됐든 그렇다.

후기를 얘기하자면, 매달 최소 180만 원이 넘었던 카드값이 80만 원대로 줄었다. 나도 내 눈을 의심했다. 생각지도 않게 100만 원을 저축한 셈이 되었다. 그동안 지출을 늘리는 재미만 알았는데 줄여가는 재미가 여간 쏠쏠한 게 아니다. 다음 달 카드값도 기대가 된다.

초미니 적금통장 쇼핑

●●● 푼돈이라고 우습게 볼 게 못 된다. 푼돈 모아서 집은 못 바꿔도, 냉장고나 텔레비전쯤은 가뿐하게 바꿀 수 있다. 이래 봬도 매년 수차례씩 여권에 도장 찍으며 어디 가서 여행이라면 방귀 좀 뀌는 수준이 된 것도, 푼돈 모아 만든 여행적금 덕이다. 놀랍게도 큰돈 모으는 데는 재능이 없지만 푼돈 모으는 건 아주 귀신같다. 그런데, 이 얘기를 왜 꺼내느냐. 푼돈 잘 굴린다고 자랑하는 거 아니다. 푼돈 재테크 이야기가 하고 싶어서다.

한때 우리 팀에 P2P바람이 분 적이 있다. 한 경제전문기자가 우리 방송에 출연해 푼돈으로 할 수 있는 최신 유행 소액 재테크라며 P2P를 소개했는데, 본인도 요즘 한창 빠져 있다는 말에 PD고 작가고 할 것 없이 득달같이 투자에 뛰어들었다. 재테크라고는 진지하게 해 본 적도 없는, 투자라면 까막눈이나 다름없는 이들이 말이다. 한 달에

10만 원 정도의 푼돈으로도 투자가 가능한데다 은행이자의 7~8배쯤 벌 수 있다니, 노다지가 분명해 보였다.

혹시 P2P가 초면인 분들을 위해 간단히 설명하자면, 금융기관이 아닌 person to person, 즉 개인투자자가 대출자에게 바로 투자하는 방식으로, 원금 보장이 안 되는 치명적 단점이 있는 반면 고이율이라는 장점이 있다. 여기서 눈치채셨는지 모르겠지만, 상당한 위험부담이 있는 투자방식이다. 수익률이 높으면 뭐하나, 자칫하면 원금도 못 건질 수 있는데. 하지만, 우리 팀원들 가운데 '설마 내가 당하랴'라고 생각한 사람이 아무도 없었다면 믿으시겠는가.

1년 뒤, 역시나 피해자가 속출했다. 간이 작은 나야 매달 10만 원씩 투자했다가 전액 회수했지만, 통 크게 수백만 원까지 투자한 지인들이 있었다. 어느 날, 그들의 목돈이 공중분해됐다는 불행한 소식이 전해졌고, 돈 들고 튄 놈 잡겠다고 투자자들끼리 모여 소송을 하네 마네 하다 늘 그렇듯 흐지부지되고 말았다. 뉴스에서나 보던 P2P 사기꾼에게 된통 당한 거다. 홍콩인지 마카오인지로 도피했다는데, 작정하고 도망간 사람을 어떻게 잡겠는가. 계주 아줌마가 도주한 얘기는 들어봤어도 잡혔다는 소리는 일절 들어본 적이 없다.

어차피 푼돈 투자라 행여 손해 보더라도 감수해야 한다고 생각했었으나, 사기꾼이 투자금 들고 튈 수도 있다는 건 시나리오에 없었던 거다. 투자 실패의 쓴맛은 여운이 오래갔다. 유럽여행자금으로 쓸 요량으로 기백만 원을 투자하고 십 원도 못 건진 한 PD는 손실을 만회하기 위해 월화수목금금금의 나날을 꽤나 오래 버텨야 했다. 무슨 말이냐 하면, 월화수목에는 본업을, 금토일에 다른 프로그램 편집 알바로 한 주에 두 탕을 뛰며 휴일도 반납한 채 몇 달 동안 소처럼 돈만 벌었단 말이다. 푼돈 재테크라고 허투루 봤다가 패가망신할 뻔했는데, 아뿔싸. 나중에 들어보니, P2P를 추천했던 그 기자도 위험을 감지하고 진즉에 발을 뺐다고 한다. 물론 P2P 덕 좀 본 사람도 많을 테다. 하필 덮어놓고 투자하다 원금까지 손해 본 지지리도 운이 없는 사람들이 내 주변에 많이 있었을 뿐.

그래서, 아무리 푼돈 모아 푼돈이 될지라도, 확실하게 원금 보장해 주는 적금통장은 포기할 수 없다.

푼돈 적금이 필요한 이유는 살다 보면 쌈짓돈이 절실해지는 순간이 반드시 오기 때문이다. 매달의 월급으로 감당하기에는 부담스럽고 적금을 깨서 쓰기도 애매한 금액. 나에게는 여행경비가 딱 그렇다. 한번은 큰맘먹고 라스베이거스에 일주일 다녀왔더니, 다음 달 카드값이 300만 원이 넘게 청구돼 피똥 싼 적이 있다. 한 달간 허리띠를 졸라매야 했는데, 이럴 때 미리 예비해둔 쌈짓돈으로 여행자금을 해결했더라면, 스타벅스 대신 맥심으로 연명하는 일은 없었을 것이다.

어느 재테크 전문가가 말하길, 최고의 노후대비는 은퇴 이후에도 꾸준히 일하는 거라 했다. 지당하신 말씀이다. 한 달에 100만 원씩만 벌어도 연금이 100만 원씩 들어오는 것과 다를 게 없다. 언제까지 방송작가로만 밥벌이할 수 없다는 건 너도 알고 나도 알고 우리 팀 막

내 작가도 안다. 지금 하고 있는 방송일이든, 아니면 전혀 다른 어떤 분야에서든 늙어 죽을 때까지 돈을 벌고 싶다. 그럴 때를 대비해 필요한 게 푼돈 적금으로 만든 취미통장이다. 앞으로 여기저기 취미로 발 좀 담가 보다가 늘그막에 직업 삼을 만한 새로운 적성을 찾아볼 생각이다.

이왕 푼돈 모으는 거 0.1%라도 이득 볼 수 있는 재테크라면 나쁠 게 없다. 하지만 다시 한번 말하지만 내 돈 1원 한 장도 손해 보는 걸 못 보는 나는 역시 고수익 재테크와는 상극이다. 뼈가 가루가 되도록 일해서 번 돈인데 공중으로 날아가 버리는 꼴은 죽어도 못 보겠다. 저금리 시대라 저축하면 손해라고는 해도 돈이 공중분해되는 것보다는 백 배 천 배 낫다.

그래서 말인데, 얼마 전 직장인들 사이에서 최신 유행하는 6개월 단기 적금 상품을 여러 개 들어뒀다. 보통 소액으로 1계좌씩 가입이 가능한데 이율이 시중금리보다 높으니무려 2배다. 내가 가입한 건 6개월간 매달 50만 원씩 납입하는 상품인데, 6개월 뒤 이자가 6만 원이 붙는다. 6만 원이면 스타벅스 라떼가 15잔이다 푼돈 재테크로 딱이다. 단기 적금은 직장인 재테크 까페에서 루이비똥 가방, 까르띠에 시계 구입을 위한 용도로 인기가 많은 상품인데, 나는 이 돈을 미래를 대비하는 자기계발 비용으로 쓰겠다는 거다.

이제 4개월 뒤면 수중에 쥐꼬리만큼이지만 이자 수익이 붙은 쌈 짓돈이 생긴다. 일단 취미 리스트에 있는 프리다이빙 자격증을 이집트 다합에 가서 따 볼 생각인데, 언제 갈 수 있을지는 미지수지만 일단 돈은 마련됐으니 시간만 만들면 된다. 방송 은퇴하고 나면 다이빙 강사로 제2의 인생을 살게 될지도 모르겠다.

그런데, 미래를 위한 투자라고 그럴싸하게 포장하고 그냥 하고 싶은 취미나 하면서 살겠다는 거 아니냐고? 아, 들켰나. 그럼 또 어떤가. 아무튼, 난 벌써부터 설레고 있다.

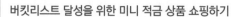

Life TIP
버킷리스트 달성을 위한 미니 적금 상품 쇼핑하기

초저금리 시대에 적금 가입해 봤자 손해라고 말들 하지만 적금을 하는 이유는 돈 모으는 습관을 들이기 위한 것! 목돈 왕창 굴리는 것만이 재테크가 아니다. 작은 돈이라도 묶어두고 안 쓰는 것도 (작은) 재테크다. 백화점 쇼핑보다 재미있는 적금상품 쇼핑으로 푼돈 재테크에 도전해 보자. 여행자금, 나에게 선물하는 명품, 취미비용, 비상금 통장으로 활용하면 굿!

커피 값 아껴 시작하는 <u>푼돈 모아 푼돈 매일 적금 활용하기</u>

일단 단돈 1,000원부터 시작하는 상품이 많아 부담 없이 시작할 수 있다. 스타벅스 마실 거 매머드 커피 마시면 1,000원, 2,000원쯤은 쉽게 절약할 수 있는데, 짜투리 잔돈을 모은다는 생각으로 매일 적금습관을 들여 보자. 매일 1,000원도 1년 뒤면 무려 365,000원으로 돌아온다. 요가원, 댄스교습비, 피부과 레이저 시술비로 적당할 것 같다.

<u>고이율 보장하는 특판 소액 적금 활용하기</u>

은행에서 간혹 5%의 고이율 특판 상품을 출시하는데, 대개 계좌 수가 한정되어 있는 선착순 상품이기 때문에 손이 빠를수록 유리하다. 본인은 매달 최대 248,000원 저축할 수 있는 적금 통장을 쇼핑했는데, 1년 뒤면 자그마치 300만 원이 생긴다. 꽤 큰돈이다. 일단 아빠 차 바꾸는 데 보태서 효녀 노릇 한번 해 볼까 생각 중이다.

중도해지가 걱정된다면 6개월 단기 적금 활용하기

적금은 중도에 해지하면 무용지물이다. 여유자금이 부족할 것 같다면, 검색창에 '6개월 단기 적금'을 쳐보자. 상품이 우루루 쏟아진다. 본인은 일주일에 3일 3만 원씩 저축하는 6개월 단기 적금통장을 쇼핑했는데, 내년 1월 내 생일에 맞춰 234만 원이 생긴다. 내 생일 연례행사가 된 해외여행 비용으로 쓸 계획이었는데(현재로서는 물론 실행 가능성이 적지만), 언젠가 생애 처음으로 내돈내산 비즈니스 클래스 티켓을 끊어볼까 한다. 벌써 설렌다.

멋쟁이 할머니가 되고 싶어

••• 나이 서른이 될 때, 나는 인생 다 산 줄 알았다. 이제 꺾어진 환갑이라며 좋은 시절은 끝났구나 싶었다. 그랬던 내가 이제 마흔 줄이다. 마흔이라니! 내가 벌써 마흔이라니! 어떻게 내가 40대일 수 있지? 이러다 눈 한번 깜빡하면 50도 금방일 것 같다. 까마득한 줄만 알았던, 영원히 오지 않을 줄만 알았던 미래가 점점 코앞으로 다가오고 있는 거다.

요즘의 나는 예쁜 할머니들에게 그렇게 눈길이 간다. 20대 시절에는 근사한 몸매의 스타일리시한 여자를 보면 나도 모르게 눈으로 스캔을 하곤 했는데예쁜 여자 지나가면 남자들보다 솔직히 여자들이 더 본다. 대놓고 보는 것과 곁눈질의 차이일 뿐 이제는 정반대다. 거리에서 멋쟁이 할머니가 눈에 띄면 유심히 보게 된다. 이제 20년만 지나면 환갑이고뜨악, 과장이 아니라는 사실에 소름 돋았다 그 20년은 생각보다 빨리 찾아올 것 같은 느낌적인 느낌이다.

한번은 공덕역에서 환승하러 가는 길에 마주친 은발의 할머니를 넋을 놓고 바라봤다. 염색하지 않은 올 백발의 단발머리, 몸에 꼭 맞춘 듯 깔끔하게 떨어지는 고급스런 카디건과 스커트, 오래 신었지만 멋스러운 크림색 가죽 단화까지. 오랜 취향이 쌓여 완성된 공덕역 할머니의 감각에 반하고 만 거다.

또, 몇 달이 지나도 생생히 기억나는 할머니가 한 명 더 있다. 역시 염색하지 않은 커트 헤어스타일에 캐주얼하게 면바지를 롤업하고, 편한 토즈 드라이빙 슈즈와 에코백으로 엣지를 준 여의도 할머니다. 패션센스가 밀라논나 할머니 저리 가라다. 버스에서 하차벨을 누르고 대기 중인 그녀를 보자마자 미래의 롤모델로 삼았다. 지금 나에게는 전지현, 김태희보다 공덕역 할머니, 여의도 할머니가 연예인이다.

지금보다 훨씬 더 나이가 들어도, 백발 할머니가 되어도 어디서든 꿀리지 않는 멋쟁이로 살고 싶은데, 그러기 위한 필요충분조건은 단 하나다. 돈! 뭐니 뭐니 해도 머니가 최고다. 먹고 살기 빠듯한 살림으로 멋쟁이 할머니는 죽었다 깨나도 못 된다. 일단, 늙어서도 돈 걱정 없이 살 궁리를 해야겠다.

비빌 언덕 따위 없는 내게 할머니 나이가 되어도 따박따박 통장에 현금이 꽂히는 방법은 오직 연금뿐이다. 그런데 불행히도 국민연금과 퇴직연금이 넉넉하게 예비되어 있는 일반 정규직 직장인과 나는 사정이 달라도 너무 다르다. 회사가 부담해 주는 연금이 일절 없기 때문에 노후연금은 온전히 나의 몫이다. 매달 세금처럼 자동으로 빠져나가는 쥐꼬리만 한 국민연금이 있긴 하나 겨우 10만 원대(65세가 돼서 수령하면 양갱 사먹을 돈 정도 되려나), 한 달에 30만 원씩 투자하는 적립식 펀드가 연금으로는 유일하다. 으악. 이 돈으로는 멋쟁이 할머니 근처도 못 간다. 토즈는 무슨, 이러다 고무신 신고 다니게 될지도 모른다. 순간, 정신이 번쩍 들었다.

시간이 없다. 이렇게 넋 놓고 있을 때가 아니다. 당장 은행으로 달려갔다. 노후연금에 대한 고민을 털어놓으니 친절한 은행직원은 연금보험 상품 가입을 권유했다. 연금보험이라…. 연금에 보험을 더 했다는 건가? 이게 뭐냐고 물어보면 너무 무식해 보이려나? 내가 어리숙해 보여서 금융상품 팔아먹으려는 건가? 연금보험과는 초면이라 낯설어하자, 본인은 취업하자마자 이미 가입해서 매달 10만 원씩 벌써 5년째 납입하고 있다며 경계심을 허물어주었다. 지금 생각해 보니 영업 스킬이 상당하다. 뼛속까지 장사치다.

설명을 들어보니, 연금보험은 은행 예적금보다 이율이 높은 비과세 상품으로, 보통 직장인이라면 신입 때 청약통장 만들면서 노후대비를 위해 하나씩 가입한다는 거다. 아무래도 다들 나한테는 비밀로 하고 가입한 모양이다. 여태껏 금시초문인 걸 보면. 은퇴 후에 매달 128만 원 정도는 쓸 수 있어야 사람답게 살 수 있다는데, 국민연금, 퇴직연금만으로 턱없이 부족하기 때문에 연금보험 가입이 필수라는 게 그녀의 설명이다. 나보다 한참이나 어려 보이는 5년차 직장인도 입사와 동시에 노후대비를 시작했다는데, 나는 무슨 배짱으로 연금 준비 없이 무대포로 살았는지 낯이 뜨거워졌다.

은행 직원이 잔뜩 손에 쥐어준 연금보험 설계서를 들고 길을 나서는데, 순간 아득해졌다. 내 미래가, 나의 할머니 인생이, 꽃길은커녕 자갈밭이 펼쳐지면 어쩌나 두려워졌다. 이럴 때는 나보다 상황이 더 안 좋은 사람을 찾아 위안을 받는 게 최고다. 그런데 꼭 물어봐도 왜 하필 그녀에게 물어봤던 걸까. 내가 가입한 펀드의 담당 직원이자, 싱글녀이자, 동년배인 그녀에게 물었다.

"혹시 매달 연금으로 얼마씩 납부하세요?"

"아, 저요? 저는 매달 500만 원씩은 내고 있죠."

어머나, 이게 무슨 소리야. 50만 원이 아니고 정확히 500만 원이란다. 내 귀를 의심했으나 다시 물어봐도 오백이 맞았다. 자그마치 오백이다.

그녀가 이렇게 무지막지한 금액을 연금으로 투자하는 데는 확실한 이유가 있었다. 그녀의 은퇴 후 목표는 최고급 실버타운에서 여유로운 노후를 보내는 것. **본투비 비혼주의자로 향후 결혼 계획이 없다고 했다.** 실버타운 월세로 300만 원, 용돈으로 200만 원 정도 쓸 예정이라 월 500만 원씩 연금을 붓고 있다는 얘기다. 내가 연금으로 투자하는 돈의 무려 10배가 넘는다. 친구들끼리 농담으로 실버타운 운운한 적은 있어도 이렇게 진지하게 준비하는 싱글이 있을 줄이야. 그녀에게 노후는 흐릿한 먼 미래가 아니라 또렷한 현실이었던 거다. 마치 미래를 위해 현재를 희생하는 사람처럼 보여 잠깐 걱정되기도 했으나, 누가 누굴 걱정하겠는가. 내 코가 석 자인 것을.

어쨌거나 노후는 어려운 문제다. 언제까지 살 수 있을지, 미래가 어떻게 굴러갈지 예측할 수 없으니 말이다. 다만 이런 희망을 가져본다. 내가 할머니가 되었을 미래에는, 복지 정책이 스웨덴급으로 진화하거나 글로벌 경기가 급속도로 좋아져서 내가 투자한 펀드가 한 10,000%쯤 수익을 내거나, 혹은 내가 낸 국민연금이 수령할 때는 10배로 곱하기 해서 지급하는 방식으로 정책이 바뀌는 희망 말이다. 아. 그럴 리 없으니까 꿈 깨라고?

아. 가만있어 보자. 아무리 다 따져 봐도 복권 당첨 쪽이 더 빠를 것 같기도 하다. 오늘은 퇴근길에 연금복권이나 한 장 사야겠다. 참고로 우리 동네에 로또 1등이 10번이나 당첨된 복권 명당이 있다. 거기에 내 미래가 있을지도 모르겠다.

Life TIP

흙수저 자취생을 위한 연금보험 가입 꿀팁

금수저가 아닌 다음에야 국민연금, 퇴직연금만으로는 턱없이 부족하기 때문에 전문가들은 반드시 개인연금까지 더해 삼층탑을 쌓으라고 주장한다. 본인처럼 퇴직연금이 없는 프리랜서라면 더더욱 절실한 게 바로 개인연금인데, 저이율 시대에 그나마 최대의 수익을 보장하는 꿀팁을 공개한다.

1. 납입기간은 짧으면 짧을수록 유리하다
보험을 일찍 해지하면 무조건 원금을 손해 보는 이유는 납입기간 동안 내가낸 보험료에서 사업비를 떼어가기 때문이다. 고로 납입기간을 최대한 짧게 해야 사업비 명목의 수수료를 절약할 수 있다.

2. 적은 액수로 가입하고 무조건 추가납입 활용하기
갑자기 사정이 안 좋아지는 바람에 보험 깨는 사람 여럿 봤다. 보험은 부담 없는 금액으로 시작하는 게 좋다. 또 하나, 같은 금액이라도 최대한 적은 금액으로 가입하고 추가납입을 활용하는 게 수익에 유리하다. 왜냐하면, 추가납입에 대해서는 사업비가 거의 없기 때문! 예를 들어, 한 달에 40만 원의 금액으로 가입하는 것보다 20만 원으로 가입하고 20만 원을 추가납입하는 방식이 더큰 수익을 창출할 수 있다!

3. 최소 10년 이상의 장기유지 하기
연금보험이 일반 적금통장보다 유리한 이유는 소득세 혜택! 거치기간을 10년이상 계약을 유지하면 15.4%의 이자소득세를 면제받을 수 있다.

셰어하우스 재테크
한번 해 볼까?

••• 미드 〈프렌즈〉를 기억하시는가. BTS의 리더 RM이 영어공부에 활용했다는 바로 그 〈프렌즈〉. 자그마치 1994년도 드라마다. 레이첼, 모니카, 피비와 챈들러, 조이, 로스. 이 여섯 명의 이름이 단박에 떠오른다면 당신은 최소 30대. 개성 강한 6명 청춘남녀들의 일상을 그린 드라마로 첫방부터 초대박 흥행을 기록하면 시즌10을 마지막으로 종영되었다. 배우들 몸값이 천정부지로 오르면서 시즌11 제작이 무산됐다는 후문. 〈프렌즈〉의 인기에 힘입어 국내에서는 시트콤 〈남자 셋 여자 셋〉으로 우라까이 되었고, 송승헌이라는 조각 같은 이목구비와 기존에 없던 식스팩을 가진 희대의 미남배우를 배출했다. 말하고 보니 까마득한 옛날 고리짝 이야기다. 좌우지간.

한미 두 청춘 시트콤을 마르고 닳도록 즐겨보면서 나도 대학 가면 저런 집에서 한번 살아보고 싶다는 로망을 키웠으나, 현실은 시트콤

과 다를뿐더러 송승헌 같은 남자와 한집에서 좌충우돌, 꽁냥꽁냥 할
일 따위는 더더욱 없다는 걸 철들면서 알게 되었다. 젠장, 빌어먹을
세상이다.

시트콤의 열렬한 시청자로서 송승헌 같은 남자가 사는 셰어하우스
에 입주자로 들어가는 꿈을 꾸던 게 엊그제 같은데, 지금은 동년배 친
구들이 셰어하우스의 운영자가 되었다. 〈남자 셋 여자 셋〉으로 치면
더 이상 신동엽, 이의정 역할이 아니라 김용림 할머니 역할이 된 거다.

서점에 가면 재테크 코너에 월세 받는 직장인 만들어준다는 책들
이 한 트럭이다. 내 집이 없어도, 단돈 1,000만 원만 있어도 매달 월
세 따박따박 받을 수 있는 재테크란다. 귀신이 곡할 노릇이다. 매달
월세 내면서 나도 월세 받는 입장이 되면 얼마나 좋을까 생각해 본
적은 있지만, 그런 방법이 실제로 있다니. 그런데, 셰어하우스 재테
크라면 불가능한 것도 아니었다.

집 없이도 월세 받는 셰어하우스 재테크의 원리는 이렇다. 예를
들어, 쓰리룸의 집을 보증금 1,000만 원에 월세 100만 원으로 계약했
다고 치자. 그다음 방 3개를 각 월세 50만 원에 세입자 3명을 입주시
키는 거다. 집주인에게 월 100만 원의 월세를 지불해도 나에게는 월
50만 원의 수익이 남는다. 투자비용은 단돈 1,000만 원. 집도 절도 없
지만 매달 50만 원의 수입이 생긴다는 기적의 논리. 단순 계산이긴
하지만, 으아, 이거 기가 막힌다. 봉이 김선달이 울고 갈 판이다. 모
르면 몰랐지 안 하고는 못 배기겠다.

자취생활을 10년 넘게 하다가 재테크로 셰어하우스를 오픈한 친구를 찾아갔다. 재테크 책들이 주장하는 내용이 얼마나 현실적인지 경험자에게 확인해 볼 필요가 있었다. 방송 PD가 본업인 친구는 얼마 전 부업으로 유튜브 채널도 시작했는데, 여기에 셰어하우스 운영자까지 직업을 하나 더 추가한 거다. 이 시대 직장인들이 꿈꾸는 쓰리잡이다. 이러다 박명수 아저씨처럼 십잡스 되는 것도 시간문제일 것 같다.

친구가 셰어하우스를 운영하는 방식은 책의 내용과는 조금 달랐다. 일단 은행대출을 받아 방 3개, 화장실 2개의 20평대 넓은 신축 빌라를 매입했다. 책들이 말하는 방식으로 월세를 여러 채 얻어 셰어하우스를 전업으로 운영하는 경우도 있지만, 친구는 월세도 받으면서 본인도 넓은 집에 사는 게 목적이었다. 그래서 빌라를 아예 매입했고, 3개의 방 가운데 본인이 하나를 사용하고 방 2개에 세입자를 들였다. 은행 대출이자는 매달 100만 원씩 나가는데 방 2개에서 최소 70만 원의 월세 수입이 생기니, 본인은 한 달에 30만 원씩만 감당하면 된다고 한다. 빚 청산이 모두 끝나면 결국 온전한 내 집이 생기고, 또 집값이 오르면 매매할 때 시세차익도 남길 수 있으니 최고의 재테크라는 주장이다. 그리고 보니, 이 방식 역시 남는 장사다. 결과적으로 월세 30만 원 내면서 20평대 쾌적한 빌라에 사는 것과 같은 효과니 말이다.

그런데, 아뿔싸! 셰어하우스의 치명적인 맹점을 발견하고 말았다.

세입자가 안 들어오면 말짱 꽝 아닌가? 그럼 매달 100만 원이나 되는 이자를 모조리 내가 감당해야 되는 거 아닌가? 돈 백이 남의 집 애 이름도 아니고 위험부담이 너무 큰 거 아니냐는 지적에, 4년차 운영자인 친구는 다음의 3가지를 명심하면 걱정 붙들어 매도 괜찮다는 말을 전했다.

1. 위치 선정
2. 역세권
3. 쾌적한 인테리어

친구네 셰어하우스의 세입자들은 대부분 취업준비생이거나 수습 직원 신분으로 상경한 지 얼마 되지 않는 어린 친구들이었다. 목돈, 즉 보증금이 부족할뿐더러, 고용이 안정적이지도 않아 섣불리 1년짜리 원룸 계약을 하지 못하는 사정들이 많았다. 그런데 고시원의 보증금과 월세 수준으로 개인 방과 넓은 거실, 화장실을 갖춘 셰어하우스는 달콤할 수밖에 없다. 이런 세입자들의 구미를 당길 만한 조건이 바로, 위치 선정과 역세권, 쾌적한 인테리어라는 거다. 직장인들이 몰릴 만한 동네인 건대입구나 신촌, 마곡, 영등포, 구로디지털, 목동 등이 영업에 유리하고, 역세권은 뭐 두말하면 잔소리, 세입자의 선택은 공용으로 사용하는 거실과 주방 인테리어에서 판가름 나는 수가 많기 때문에 최우선으로 신경 쓰면 된다고 했다. 그렇게 3가지 원칙을 찰떡같이 지킨 덕에 아직까지 공실 없이 잘 버티고 있다고 한다.

이렇게 말하고 보니 세상 쉬운 재테크가 셰어하우스 같지만, 어느 날 갑자기, 하루아침에 뚝딱, 셰어하우스의 운영자가 된 건 아니었다. 친구의 취미 역시 부동산 투어, 동네에 신축빌라가 들어섰다 하면 사든 안 사든 일단 구경 가는 게 일이었다. 시세도 파악하고 셰어하우스에 적합한 집인지 시장조사를 하며, 퇴근 후에 나면 틈틈이 발품을 팔았다는 거다.

세상에 만만한 게 하나도 없다. 부동산 재테크는 여전히 골치가 아프다. 뭔가 시도를 하기도 전에 벌써부터 귀찮아진다는 게 문제다. 나만 빼고 다들 왜 이렇게 부지런한지 모르겠다. 그래도 혹시나 하고, 물어는 봤다.

"친구야, 내가 뭐부터 하면 좋을까?"

"너는 지금 백지상태잖아. 아주 쉬운 게 있어, 일단 〈구해줘! 홈즈〉부터 봐. 그거 보면서 동네 시세도 파악하고, 어떤 집 구조가 트렌드인지 유심히 봐봐."

유레카다. 친구가 아주 좋은 과제를 내 주었다. 일단 〈구해줘! 홈즈〉부터 시청하는 거다. 집에서 프로그램 모니터링 하는 건 누구보다 잘할 자신 있다. 오늘은 침대에 늘어져 TV나 보면서 미래의 셰어하우스 구상이나 봐야겠다. 이거 절대 노는 거 아니다. 명백히 사업 구상 하는 중이다.

Life TIP

1년차 새내기 셰어하우스 사장 박PD의 리얼 후기

Q. 자기소개 부탁드려요.

안녕하세요. 36살 13년차 PD고요, 현재 싱글입니다. 4년째 셰어하우스 운영하고 있는 선배 PD(내 친구를 말함)의 추천으로 올해 초부터 투잡으로 셰어하우스를 시작했어요.

Q. 셰어하우스로 운영 중인 집 소개를 한다면?

소개해 준 선배는 대출받아서 집을 사서 셰어하우스를 운영하고 있지만, 저는 목돈 대출받기 부담스러워서 월세 60만 원에 18평 쓰리룸 빌라를 얻었고요. 작은 방 하나는 제가 쓰고 큰 방과 나머지 작은 방 2개에 세입자를 들였어요. 제가 여자다 보니까 자연스럽게 여성전용 셰어하우스가 되었네요.

Q. 월세 수입은 얼마나 되나요?

공과금, 관리비 전부 포함해서 방 하나에 월 40~45만 원 정도 월세를 받고 있는데요. 수도세, 전기세, 도시가스, 인터넷, TV까지 해서 월 15만 원 정도 나오고 있어요.

Q. 초기에 창업 비용은 얼마나 들었나요?

집은 월세로 얻었기 때문에 대출을 끼진 않았지만, TV, 김치냉장고, 에어컨, 전자레인지, 식탁, 침대, 커피포트, 토스터기 등을 구입하면서 인테리어 비용만 800~900만 원 정도 든 것 같아요. 인테리어 비용을 줄이는 게 수익창출에는 중요하지만 어차피 저도 살고 있기 때문에 좋은 가전으로 구입했어요. 초기비용이 만만치 않게 들기 때문에 최소 2년은 지나야 본전 뽑지 않을까 생각하고 있어요.

Q. 셰어하우스 하면서 가장 신경 써야 하는 게 있다면?

꾸준한 수익을 내기 위해서는 공실이 생기지 않는 게 가장 중요해요. 너무 단기간 머물 세입자보다 최소 3개월, 6개월, 1년 단위로 계약을 하고 있고요.

아무래도 공동으로 생활해야 하다 보니 트러블을 일으키는 세입자가 들어오면 곤란해지거든요. 세입자 면접 볼 때 직업도 보게 되고, 때론 관상까지 보게 되더라고요. 이 사람이 트러블을 일으킬 상인가. 가끔씩 세입자와 오리엔테이션을 하면서 신규 규칙들을 업데이트하기도 해요. 그래야 뒤탈이 없습니다.

Q. 직장인의 재테크로 추천할 만한가요?

지금 방송일을 하면서 사이드잡으로 운영하고 있는데 그렇게 부담스럽지는 않아요. 세입자 계약할 때를 제외하고는 본인들이 각자 알아서 생활하니까 특별히 신경 쓸 것도 많지 않고요. 요즘 1인 가구가 워낙 많다 보니까 수요는 꾸준히 있는 것 같아요. 아직까지 공실이 생긴 적 없는 걸 보면. 셰어하우스 재테크가 당분간 대세가 될 것 같은데요?

무릎에서 사서
어깨에서 팔아?

　••• 황정음, 이광수, 신세경, 윤시윤까지 전 출연진을 한 방에 톱스타로 키워낸 역대급 시시트콤이 있다. 바로 희대의 명작 〈거침없이 하이킥〉. 당시 TV만 틀면 재방이 나오던 때라 웬만한 에피소드는 지금까지도 줄줄 꿰고 있는데, 그 가운데 잊지 못한 장면 하나를 꺼내보겠다. 시작은 이러하다. 친한 증권회사 애널리스트 형으로부터 고급정보를 입수한 광수가 한옥집 식구들의 돈을 맡아 주식투자를 하는 에피소드인데, 여기서 주인공들의 입을 통해 주식 명언들이 쏟아진다.

줄리엔 "무릎에서 사서 어깨에서 팔아라." (싸게 사서 비싸게 팔라는 의미)

황정음 "떨어지는 칼날은 잡지 마라." (싸다고 무조건 사지 말라는 것)

김자옥 "적게 먹고 적게 싸자." (대박 욕심보다는 안전하게!)

투자한 첫날에는 주식이 올랐지만 다음 날부터 주가는 내리 하락세를 타고, 한옥집 식구들에게 들들 볶인 광수는 참다못해 모두에게 원금을 돌려준다. 결국 셋은 각자의 방법으로 개인투자를 하게 되는데, 떨어지는 칼날은 잡는 게 아니라던 황정음은 떨어지는 칼날을 온몸으로 잡았고, 무릎에서 사서 어깨에서 팔라던 줄리엔은 머리에서 사서 발바닥에서 팔았으며, 주식투자금으로 계를 든 자옥은 계주의 야반도주로 돈을 모조리 날리게 된다. 느긋하게 투자했던 광수만이 정확히 386%의 수익률로 대박이 나며 한동안 월세 걱정 없이 살았다는 에피소드다.

주식이라면 까막눈이나 다름없는 내가 들어도 이해가 되는 수준의 주식 스토리다. 주식 명언 3종 세트 중에 틀린 말은 하나도 없고 저렇게만 된다면 돈 못 벌 사람이 없겠지만, 말처럼 쉬운 게 아니라는 걸 시트콤이 그대로 보여주고 있다. 내가 주식을 한다면 황정음, 줄리엔 꼴 날 게 뻔하다. 그래서 애초에 주식 근처에도 가지 말아야지 다짐을 했는데, 그럼에도 주식으로 재테크하는 사람이 사방에 널렸으니 이거 환장할 노릇이다. 원체 단돈 만 원이라도 손실이 나면 손을 벌벌 떠는 타입이라 원금보장이 되지 않는 투자는 할 생각도 안 했었는데, 너도나도 주식을 한다니 뭔지나 알고 하지 말자 싶었다.

그래서 그를 찾아갔다. 주식 경력 15년차의 싱글남, 부평동 김프로님. 본인과 동년배의 평범한 직장인으로 오랜 경력의 자취생이기도 하다. 그에 대해 설명하자면, 2005년에 사회초년생 시절에 입사 2개월만에 주식을 시작했으며, 2008년에 리먼 브라더스 사태로 주가가 폭락하면서 **평생 보지도 못한** 외제차 한 대 값을 날려먹은 바 있지만, 쓰라린 기억을 극복하고 현재까지 주식 재테크에 올인하고 있는 분이다.

다짜고짜 "주식하다가 외제차 값 날렸다면서요. 그때 힘들지 않았어요?"

"하하하하. 거의 현실도피 하면서 살았죠. 바닥 난 주식을 아예 들여다보지도 않았어요. 마치 아무 일도 없었던 것처럼, 일어나지 않은 일인 것처럼 외면했죠. 그러다 2년쯤 뒤에 다시 정신 차리고 주식 시작했는데, 그렇게 손실금 만회하는 데만 7~8년 걸린 것 같아요. 이건 비밀인데 사실 올해에는 슈퍼카 한 대 값을 날리기도 했어요. 3개월 후에 다시 만회하긴 했지만. 하하하."

역시 주식 하는 사람은 나와는 다른 세계의 사람인 걸까. 억장이 무너지는 이야기를 저렇게 해맑게 웃으면서 이어가는 김프로님의 남다른 배포에 새삼 놀랐다.

"그렇게 크게 데였는데도, 계속 주식하는 이유가 대체 뭡니까?" **따지는 거 아님.**

"다른 재테크 방식보다는 그래도 주식이 낫다고 생각하거든요. 요즘 은행 이율은 1%대지, 부동산 투자는 돈이 묶여 있으니 답답하지, 그런데 주식을 하면 내 돈을 내가 컨트롤한다는 즐거움이 꽤 커요. 적금 통장 모을 때 행복한 사람이 있고, 부동산 사들일 때 행복한 사람이 있듯이 저는 주식이 체질에 맞았거든요. 재테크도 본인이 재미를 느끼는 걸 해야 꾸준히 할 수 있는 것 같아요."

얘기 듣고 보니, 나는 이율이 1%대라도 만기 적금 통장 찾으러 가는 날이 그렇게 좋았다. 만기가 되면 원금은 재예치하고, 얼마 안 되는 티끌만 한 이자는 꼭 현금으로 받아서 공돈이 생긴 것처럼 시원하게 다 썼다. 재테크 재미로 치면 나에게는 적금이 딱이지만, 솔직히 사람 일은 모르는 거니까 그래도 혹시나 하고 물어봤다.

"주식은 돈을 날릴 위험이 너무 크잖아요. 그래서 제가 주식에 손을 안 댔거든요. 그래도 혹시 제가 주식을 한다면 뭘 조심해야 할까요?"

"태어나서 처음 산 종목이 제가 좋아하는 게임 주식이었어요. 그런데 80만 원 투자해서 10만 원을 번 거예요. 초심자의 행운 같은 거죠. 그럼 사람이 욕심이 생겨요. 그럼 800만 원 투자했으면 100만 원 벌었을 텐데, 하고요. 그러다 망하는 거예요. 주식은 대박을 기대하면 무조건 쪽박 차게 돼 있거든요. 저는 지금 '부자들의 재테크'를 하고 있어요. 무슨 소리냐면, 은행이자보다 1% 더 받는 걸 목표로 하고 있거든요. 한 달 목표액을 2%만 달성해도 성공이라고 생각하는 거죠. 저는 그렇게 투자해서 원하는 만큼 수익을 내고 있어요."

주식은 곧 도박이요, 사람을 악의 구렁텅이로 몰아넣는 사탄마귀 쯤으로 여기고 살았는데, 귀동냥으로 몇 마디 주워듣다 보니 솔직히 살짝 흔들렸다. 1주에 3만 원에 산 주식을 10년 뒤 440만 원에 팔았다는 누군가는 자동차 없애고 집도 월세로 바꾸고 그 돈으로 주식해서 노후준비 하라고 한다. 자동차는 원래 없고 집도 월세인데, 그럼 나는 주식만 하면 되는 건가. 주식이라고는 쥐뿔도 모르지만 뱅키스

가서 일단 증권 계좌부터 하나 뚫어야 하나 심각하게 고민이 됐다. 요즘은 비대면계좌 개설이 가능해서 증권사에 갈 필요도 없다고 한다. 참 편한 세상이다.

다시 〈거침없이 하이킥〉 얘기로 돌아가서, 시즌1의 주인공인 정준하는 골방에서 전업으로 주식을 하며 365일 구박데기로 살다가 막판에 투자한 주식이 초대박나면서 인생역전에 성공한다. 주식하는 사람늘이 꿈꾸는 판타지일 거다. 나는 주식 대박은 바라지도 않고 인생역전은 당하지나 않으면 다행이라고 생각하는 사람이지만, 아무래도, 김프로님을 한 번 더 만나러 가야 할 것 같다.

어느 구름에 비가 들어 있을지 모르니 일단 여기저기 찔러봐야겠다. 방구석에 가만히 앉아 있지 말고 뭐라도 하면 월세 탈출이 좀 더 빨라지려나? 어쨌거나 주식을 하든 안 하든, 모두 부자 되시라. 그랬으면 좋겠다.

Life TIP

왕초보에게 추천하는 김프로의 주식 재테크 습관

매달 1주씩 사 모으는 주식 적금 도전하기

주식에 목돈을 한 방에 넣는 게 아니라, 푼돈으로 매달 1주씩 사 모으는 거다. 한 달에 5만 원 내외의 소액으로 투자하니 일단 부담이 없다. 한 달에 5만 원짜리 정기적금을 든 것과 비슷하다고 보면 된다. 단, 수익률이 정해지지 않은 적금인 셈. 그런데, '겨우' 1주라고 우습게 볼 게 아니다. 1년이면 12주, 10년이면 120주를 갖게 된다. 큰 수익을 내기보다 10년 뒤, 20년 뒤의 장기적인 목표로 가져가는 방식이다. 유튜브에서 삼성전자 주식을 20년간 매달 1주씩

사 모았을 때 얼마의 수익이 나는지 계산한 영상을 봤는데, 누구라도 보고 나면 안 사고는 못 배긴다. 참고로 삼성전자 주식은 최근 10년간 5배가 올랐다. 지금이라도 20년 전으로 돌아갈 수 있다면 삼성전자 주식부터 살 것 같다.

개별종목은 NO! 대박은 없지만 쪽박도 없다는 'ETF'에 관심을 가져라

직장생활을 하면서 겁도 없이 개별주식에 투자하는 건 위험한 선택이다. 공부를 한다고 꼭 수익을 내는 것도 아니지만, 주식 공부할 시간도 없으면서 섣불리 개별주식에 손대는 건 폭망으로 가는 특급열차를 타는 것과 같다고 한다. 어디서 주워들은 썰로 잡주에 손대지 말고, ETF에 관심을 가져 보자.

ETF는 인덱스펀드를 주식처럼 사고팔 수 있게 만든 상품으로, 주식과 펀드의 장점을 합친 개념으로 보면 된다. 예를 들어, '글로벌 자동차 ETF'라고 하면, 테슬라나 BMW, 폭스바겐, 현대차 같은 글로벌 자동차 회사들로 종목이 구성된다. 특정 한 종목에만 투자하면 주가가 떨어졌을 때 위험부담이 크지만, 자동차업계 전체에 투자를 하면 회사 하나쯤 주가가 폭망한다 해도 ETF 주가에는 큰 변동이 없다. 그러니 비교적 안정적이다. 김프로님도 리먼 사태로 외제차값을 날린 후 꾸준하게 ETF로 투자하고 있다고 한다.

주식 재테크 공부할 시간 없으면, 최소한 뉴스라도 챙겨보자

주식에 투자한다고 경제 전문TV만 챙겨 볼 필요는 없다. 본인은 봐도 잘 모른다. 세상사 돌아가는 게 모두 주식과 관련이 있으니 뉴스에 관심을 갖도록 해 보자. '조류독감이 터지면 양계업계 주가가 떨어지고, 일본 자동차 리콜사태가 터지면 반사이익으로 한국 자동차 주가가 오른다', 이런 식이다. 그동안 내가 왜 이렇게 주식에 관심이 없었는지 알았다. 세상 돌아가는 꼴에 관심이 없으니 주식에도 무관심하게 되고, 주식에 무관심하니 세상 뉴스에 또 무관심해지고. 이것이 바로 무관심의 뫼비우스 띠.

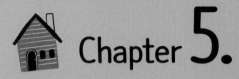

Chapter 5.

제대로 하기,
밥벌이

덕업일치의 밥벌이

••• "합격이라니! 면접에 붙었다니! 이제 내가 MBC작가라니!"

지인들은 성공했다며 나를 치켜세웠고, 난 뭐라도 된 것처럼 어깨에 잔뜩 힘을 줬다. 금메달이라도 되는 양 자랑스럽게 목에 건 방송국 출입증은 퇴근길 버스 안에서도 빼고 싶지 않을 만큼 좋았다.

생방이 있던 날, 급하게 잡아탄 엘리베이터에서 미소천사 성DJ와 마주쳐 단둘이 있었던 순간이며당시 성시경은 FM 푸른밤 DJ였는데, 혹시 내가 말이라도 걸까 봐 잔뜩 경계하는 표정이었다는 건 비밀 새벽에 잠깐 씻고 오려고 집에 가다가 로비에서 라디오 생방 하러 출근하는 손사장님과 스쳤던 일은 비현실적이고도 신기한 일이었다. 아침 7시에 방송됐던 시선집중 DJ 시절이었는데, 우윳빛깔 광채 피부에 눈이 멀 뻔했다는 건 안 비밀.

중학교 때 서태지의 팬이 되면서 방송 덕후가 된 나는 뭐가 됐든 방송국에서 일하는 사람이 되겠다는 목표를 세웠다. 라디오에 사연만 보냈다 하면 당첨이 돼 방송 타는 일이 한두 번이 아니었고 나름대로 방송 감각을 익히기 위한 수련의 일종이었달까 고등학교 때는 자체적으로 PD수첩을 만들어 독학으로 방송용어를 정리하는 게 취미였다. FD의 뜻은 floor director, 이런 식으로 파일을 만들었는데 지금 생각하면 왜 그랬는지는 모르겠으나 방송에 대한 순수한 열정으로 선행학습이라도 하고 싶었던 모양이다. 그렇게 당연히 신문방송학과를 졸업했고, 그렇게 당연히 방송에 입문하게 된 거다. 사실 서태지를 섭외하는 제작진이 되어 대등한 관계로 대화 한번 해 보는 게 최종 목표였지만, 그를 섭외하는 기회는 20년이 되도록 오지 않고 있다. 그나마 성과가 있다면, 그가 항상 MBC에서 컴백쇼를 진행한 덕에 근거리에서 공연을 관람할 수 있었다는 것이다.

본격적으로 방송 일에 뛰어들면서 나의 독립생활도 시작됐다. 아는 사람 하나 없는 낯선 타지에서 보증금 2,000만 원짜리 집을 구하고, 작가 구인공고만 뜨면 내세울 것 하나 없는 얄팍한 이력서로 맨땅에 헤딩하며 방송에 입성하게 된 거다. 혼자 사는 서울생활이 외롭고 적성에 맞지 않다며 짐 싸서 집으로 내려가는 친구들도 많았지만, 난 여기가 고향인가 싶을 만큼 좋았다. 이 넓은 서울 하늘 아래 나만의 공간이 생겼다는 사실만으로도 행복한데, 꿈에 그리던 방송사에 출입하는 일은 나를 흥분시키기에 충분했다. 그런데.

아무리 좋아하는 일도 업이 되면 번뇌가 크다는 이슬아 작가의 자기고백처럼, 그렇게 죽고 못 살아서 선택한 직업이건만 마의 구간이라는 5년차, 7년차를 지나면서 때려칠까 하는 위기의 순간들을 수도 없이 겪게 되었다. 방송이라고 늘 새롭고 창의적인 업무만 할 것 같지만, 전혀요. 매주 루틴하게 흘러가는 작업 스케줄은 물론, 여느 회사원처럼 보고를 위한 보고용 서류작업으로 비효율적인 시간을 보내는 일도 부지기수였다.

노동시간 대비 페이는 턱없이 적었고열정페이라는 말도 사치다. 근로시간으로 계산해서 돈을 받았으면 그때 나는 월 천은 받아야 마땅했다. 또 시청률이라는 성적표를 매주 받아야 하는 스트레스는 사람 참 피말리게 했다. 나의 노력과 상관없이 시청률 그래프가 곤두박질칠 때면, 자괴감과 함께 일할 맛이 아주 그냥 뚝 떨어졌다. 누가 등 떠민 것도 아니고 분명 내가 좋아서 시작한 일이었는데 지긋지긋해지는 건 한순간이었다.

방송만 하면 매일매일이 행복할 줄 알았지만 순진한 착각이었고, 진지하게 새로운 진로를 고민하는 날도 많았다. 그런데도 이 일을 계속 하는 이유는, 다른 일 하는 것보다 그래도 이 일을 하면서 괴로운 게 덜 괴롭기 때문이라는 말에 백번 공감하기 때문이다. 솔직히 방송에 타고난 재능이라곤 개뿔도 없는 나지만, 간혹 내가 기획한 아이템이 좋은 평가를 받거나 대박 시청률을 기록하면, 세상 부러울 게 없어진다. 행복의 크기를 0에서 10으로 봤을 때, 샤넬백이 6 정도라면 일하면서 얻은 성취감은 9에 가까울 정도다. 다른 일을 하면서 이런 감정을 다시 느낄 수 있을지는 결코 장담할 수 없을 것 같다. 아무리 꿈에 그리던 이상형과 결혼해도 결국 오래 살다 보면 하루에도 열두 번씩 갈라설까 고민하게 된다던데내 주변에는 다들 그렇더라. 결혼 6~7년차에 고비를 맞은 부부가 한둘이 아니다. 다들 왜 나한테 이런 얘길 하는지는 모르겠지만, 그래도 이혼하지 않고 결혼생활을 유지하는 건 다른 남자와 (혹은 다른 여자와) 사는 것보다는 조금이라도 나은 구석이 있기 때문일 거다. 일도 마찬가지일 거라는 생각이다.

그런데도 지독한 '일하기 싫어증'에 걸리게 되면, 김연경 선수의 에피소드를 떠올리려 한다. 배구 천재인 그녀가 고된 해외활동으로 피로감에 짓눌려 있었을 때, 친언니의 말 한마디에 정신이 번쩍 들었다고 한다.

'네가 처음에 왜 배구를 시작했고 어떤 마음가짐으로 시작했는지를 잊지 마라.'

해외 진출이 하고 싶어 배구를 시작했던 초심을 상기한 뒤로 매너리즘을 완벽하게 극복할 수 있었다고 한다. 나 역시도 때려 치고 싶을 때마다 내가 왜 방송 바닥에 발을 들였는지를 생각하면서, 처음 여의도 MBC 정문에 들어섰을 때의 벅찬 감정을 떠올리려고 한다.

세상에 고단하지 않은 밥벌이는 없다. 일은 원래 힘든 거다. 아무리 재벌 2세라도 매일의 출근길이 꽃길은 아닐 거다. 제발 그러길 바란다. 제발…. 운 좋게 덕업일치의 밥벌이를 하고는 있지만, 여전히 남의 돈 먹는 게 만만한 게 아니라는 세상의 이치를 온몸으로 체감하고 있다. 그리고, 법륜 스님이 그랬다. 일을 너무 열심히 하려 하지 말라고, 그럼 스트레스 받아서 오래 못한다고. 일은 '그냥' 하는 거라고 했다. 여기서의 방점은 '그냥'에 있다. 백번 지당하신 말씀이다. 일은 그냥 하는 거다.

그냥, 가늘고 길게, 될 수 있으면 최대한 오래 일해서 돈을 벌어볼까 한다.

요즘 들어 생긴 작은 희망사항이다.

온&오프 스위치

*** 아무래도 좆됐다.

그것이 내가 심사숙고 끝에 내린 결론이다.

나는 좆됐다.

　　　　　－앤디 위어, 『마션』(영화 〈마션〉의 원작 소설) 중에서

　아주 주옥같은 말씀이다. 내 속에 한번 들어왔다 나갔나 싶다. 정확한 내 심정이다. 앤디 작가의 이 한마디는 세상 모든 직장인들의 심금을 울렸을 게 분명하다. 역시 나만 그런 게 아니었다. 영화의 주인공인 맷 데이먼도 엄밀히 말하면 우주과학자라는 직장인이다. 직장인 입에서 쉽게 나올 법한 지극히 현실적인 대사라 하겠다.

　녹화가 내일 모레인데 갑자기 방송 주제가 바뀔 않나, 녹화 하루 앞두고 사정이 생겨서 출연이 어렵다며 잠수를 타질 않나, 피고름

으로 기껏 대본 써놨더니 내용이 마음에 안 든다고 다시 쓰라고 하지를 않나. 이렇게 나를 못 잡아먹어서 안달들이니, 그런 심정이 되지 않을 수가 없는 거다. 방송을 펑크낼 수는 없으니 어떻게든 수습하다 보면 혼이 빠져나가는 게 실시간으로 보일 정도인데, 이쯤 되면 일이 나인지 내가 일인지 분간할 수 없는 '일아일체'의 경지에 이르게 된다. 퇴근하고 집에 와서도 머릿속이 온통 업무에 대한 고민으로 포화 상태다. 먹고살려고 일하는 건데 이렇게 일하다가는 수명이 단축되게 생겼다. '골로 간다'는 게 이럴 때 쓰는 말인가 싶다. 참고로, '골'은 관짝의 옛말이라고 한다. 막간을 이용한 우리말 나들이.

'에라이, 진짜 ㅈ… 아니, 죽겄구나야.' 이북 사투리로 승화시켜 보았다.

직장생활을 하다 보면 온오프 스위치의 작동이 원활한 사람이 있고, 스위치의 성능이 떨어지는 사람도 있고, 스위치가 아예 없는 사람도 있고, 스위치가 분명 있긴 있는데 어디 있는지 모르는 사람도 있다. 일아일체의 구렁텅이에서 벗어나는 가장 확실한 방법은 온오프 스위치를 찾아내고 작동시키는 것밖에 없다. 돈 주고 마트에서 살 수 있는 거라면 좋겠지만, 이 스위치는 안타깝게도 규격화된 공산품이 아니다. 사람마다 작동하는 스위치가 다르기 때문에 스스로 찾아내는 수밖에 없다.

누구는 퇴근하고 돌아오면 휴대폰을 비행기모드로 바꾼다고 한다. 아무 연락도 받지 않겠다는 소극적인 의지의 표명으로, 비행기모드가 오프버튼 역할을 하는 셈이다. 이 방법을 시도해 보려 했지만, 연락 차단이고 나발이고 내가 답답해서 못해 먹겠다. 휴대폰 중독자에게는 고문에 가까운 오프버튼이었다. 퇴근 후의 샤워시간을 오프버튼으로 활용한다는 사람도 봤다. 뭔가 물리적으로 씻어 내면서 회사에서의 스트레스도 흘려보내고 기분을 환기시키려는 의도인 듯하지만, 이것만으로는 왠지 부족했다. 그러다 우연한 기회에 찾게 된 동네 코인 빨래방에서 말도 안 되게 오프스위치를 발견하게 됐다.

습한 날씨가 계속되면 원룸에 사는 나로서는 아주 죽을 맛이 된다. 비가 오거나 습하면 3일이 지나도 마르지 않는 빨래를 방 안 건조대에 계속 널어두는 수밖에 없기 때문이다. 안 그래도 좁은 집이 어수선해지기까지 하니 여간 눈에 거슬리는 게 아니다. 특히나 격무에 시달려 잔뜩 뾰족해진 날이면 더하다. 회사에도 거슬리는 인간이 천지인데, 이놈의 빨래까지 거슬리게 하면 통째로 갖다 버리고 싶은 심정이 된다. 며칠이 지나도 눅눅한 빨래거리를 보다 못한 나는 건조대째 창밖으로 패대기치…지는 못하고, 마침 집 근처 오피스텔촌에 새롭게 오픈한 코인 빨래방을 찾게 되었다. 거기에는 내가 들어가도 될 만한 대형 건조기가 있기 때문이다.

그저 빨래가 마르지 않아 말리러 갔을 뿐인데, 건조기에 눅눅한 빨래더미를 넣고 500원짜리 동전 7개를 넣었을 뿐인데, 이게 이렇게 기분이 좋아질 일인가? 난생 처음 가 본 코인 빨래방은 아늑하고 쾌적했으며, 세탁물 돌아가는 소리는 책 읽기 딱 좋은 데시벨의 백색소음이었다. 간혹 뮤직비디오에서 모델같이 생긴 선남선녀가 빨래하다 눈이 맞는 로맨틱한 장소로 코인 빨래방이 등장하곤 하는데, 현실과는 사뭇 다를 수 있음을 주의하자.

건조기가 돌아가는 28분 동안, 퇴근하고 들른 직장인들이 각자의 빨래봉투를 들고 오고 갔다. 알고 보니 코인 빨래방은 우리 동네 직장인들의 핫플레이스였던 거다. 각자 조용히 앉아 휴대폰 게임을 하기도 하고, 넷플릭스 드라마를 보기도 하고, 나처럼 편의점 커피를 마시면서 책을 읽기도 했다. 혼자 사는 직장인들을 위한 동네 쉼터 같은 느낌이랄까. 서로 아무 말이 없는 와중에 무언의 공감대가 형성됐다. 당신도 오늘 하루 힘들었구나. 여기서 잠시 쉬어 가려는 거구나.

정확히 28분 뒤에 건조기가 작동을 완료했다. 건조기의 뚜껑을 여는 순간, 두 뺨으로 전해지는 건조한 열기에 기분이 1차로 좋아졌는데, 호텔 수건처럼 따끈하게 마른 빨랫감의 감촉이 사람 미치게 했다. 나도 모르게 빨랫감을 얼굴에 부비고 품에 안아 버렸다. 미친 여자처럼 보였더라도 어쩔 수 없다. 살면서 미처 경험하지 못했던 포근함과 안정감을 빨래방에서 느끼게 되다니. 그 뒤로 너무나 당연하게, '혼코노족(혼자 코인 노래방 가는 사람)'의 아성을 뛰어넘는 '혼코빨족(혼자 코인 빨래방 가는 사람)'이 되었다. 특히, 초대형 세탁기로 물세탁 코스를 이용할 때면 강력한 물줄기가 내 뇌까지 씻겨 내리는 기분이 된다.

집으로 돌아가 샤워를 한 뒤 빨래방에서 건져온 뽀송한 속옷과 잠옷으로 갈아입어 봤다. 그때 확실히 알았다. 드디어 나의 완벽한 오프스위치를 발견했다는 걸. 이것으로 온전한 새 기분, 아무 근심 걱정 없는 일상으로 컴백하는 게 가능해졌다는 얘기다.

이제, 빨래바구니에 빨랫감이 쌓이지 않으면 속상할 정도가 되었다. 서랍장에서 꿉꿉해진 옷이라도 찾아 다시 세탁해야 할 판이다. 당신, 그러다 빨래방 중독자가 되는 거 아니냐고? 뭐 어때요. 퇴근하고 코인 빨래방에 가면 기분이 조크든요. 나의 완벽한 오프스위치를 발견했으니 그걸로 된 거다.

그나저나 빨래방만 다녀오면 꼭 왜 남의 양말 한 짝이 딸려오나 모르겠다. 회색 발목양말 잃어버리신 분, 연락바랍니다.

출근해서도 혼밥족

••• 여의도가 방송의 중심이던 시절, 그러니까 내가 팀의 세컨드작가 역할을 담당하던 10여 년 전 이야기다. 12시 점심시간만 되면 방송가 사람들에 증권가 사람들까지 한꺼번에 쏟아져 나오면서, 밥을 제공하는 식당이라면 어디든 손님들로 미어터졌다. 단언컨대 돌멩이를 튀겨준다고 해도 만석이었을 거다. 워낙에 직장인들이 많은 동네라 밥시간이면 늘 전쟁통을 방불케 했는데, 이럴 땐 1분 1초라도 빨리 움직이는 게 상책이다. 10명이나 되는 팀원이 한꺼번에 테이블을 차지하려니, 맛집이고 뭐고 일단 자리부터 잡고 보는 게 장땡인 거다. 골든타임을 놓쳤다가는 30분 대기는 기본이라, 줄만 서다 10분 만에 밥을 후루룩 뚝딱 말아 잡숴야 하는 최악의 상황이 벌어지기 때문이다.

일하기도 힘들어 죽겠는데 밥까지 꼭 이렇게 전투적으로 먹어야 하나. 하지만 밥시간이 스트레스였던 건 대기시간이 길어서도, 서둘러 식사를 마쳐야 해서도 아니었다. 그저 전 팀원이 다 같이 식사하는 상황이 썩 내키지 않았던 거다.

메뉴의 선택권, 즉 중식당을 갈 것인가 한식당을 갈 것인가에 대한 중대한 권한은 주로 팀장이 행사했는데, 나의 의사 따위는 언제나 안중에 없었음은 물론이다. 더치페이로 점심식사를 하는데 왜 나는 내가 원하는 식당 근처에도 못 간 채, 생각지도 못한 메뉴를 씹고 앉아 있는 것인지 늘 의문이었다. 팀장이 주도하는 대화 주제에 맞장구까지 치면서 밥을 먹자니, 늘 그렇듯 팀장이라는 사람들의 관심사에 우리는 1도 관심이 없다는 게 비극이지만 아주 죽을 맛이다.

업무의 효율성을 위해 혹은 얼어 죽을 그놈의 팀워크를 위해 그랬는지도 모르겠다. 하지만, 꼭 그래야 하는 건 어디에도 없다. 회식이야 백번 양보해서 회사생활의 연장이라 치더라도, 점심시간마저 업무의 영역으로 집어넣는 건 다분히 폭력적이다. 회사에서 보내는 하루 일과 중 유일무이한 공식적인 브레이크 타임 아닌가. 없는 아이디어 쥐어짜내느라 풀가동했던 두뇌도 좀 쉬게 하고, 섭외 전화하느라 고생한 입도 휴식을 취해 줄 필요가 있었다. 아침부터 부대꼈던 팀원들로부터 벗어나 점심시간 동안만이라도 격리되고 싶었다. 그것도 아주 간절히.

그래서, 요즘 나는 혼자만의 점심시간을 갖는다. 소원성취 했다는 얘기다. 그럴 수 있는 짬밥이 돼서 가능해졌다…고 생각했었는데, 꼭 그렇지만도 않은 것 같다. TV에서 93년생 직장인의 점심시간 브이로 그를 보게 됐는데, 회사 근처에 있는 자취방으로 달려가 넷플릭스를 시청하며 샌드위치로 혼밥을 즐기는 모습이 등장한 거다. 가히 생경한 풍경이다. 프로그램의 MC인 50대 김구라 아저씨도 나와 똑같은 반응이었다. 그 나이에 나는 행동으로 옮기지 못했던 걸 요즘의 밀레니얼 직장인들은 거침없이 실천하고 있다. 직장동료와 같이 식사하다 보면 대화 소재는 일 얘기일 게 뻔하고, 그러다 보면 업무가 자동연장될 거라는 사실을 정확히 알고 있는 거다. 이런 합리적 개인주의자들 같으니라고. 아주 부러워 죽겠다.

사실 밥을 같이 먹는다는 건 보통 일이 아니다. 아무나와 먹을 수는 있지만 물리적으로 음식물을 입에 욱여넣을 수는 있지만 아무나와 속 편하게 먹기란 쉽기가 않다. 상대가 불편하면 위의 소화기능이 멈춰버릴 때가 있다. 누군가와 친한가의 여부를 판단할 때 둘이서 밥을 먹어도 어색하지 않은지를 떠올려 보면 단박에 결정된다. '사람들에게 우리가 어떤 사이로 보일까'라는 서지혜의 질문에 송승헌이 그랬다. '밥 같이 먹는 사이'. 그러자 서지혜는 '그거 되게 거창한 사이인 거 아냐'는 말을 한다. 정확하다. 밥을 같이 먹는 사이는 거창한 관계라는 얘기다.

연예인들은 밥만 같이 먹어도 스캔들이 나고, 연인 사이에서도 다른 이성과 밥을 같이 먹은 것만으로도 바람의 기준이 되곤 하지 않나. 그만큼 누군가와 밥을 먹는 행위가 마냥 사소한 일만은 아니다.

솔직히 일로 만난 사이에서 속편한 관계가 되는 건 쉬운 일이 아니니, 불편한 사람과 먹을 바에 혼자 먹는 게 낫지 않겠냐는 거다. 오해 마시라. 내가 특별히 성격이 꼬여 있거나 아웃사이더라서 그런 거 아니다. 맹세코 절대 아니다. 편한 사람과는 밥만 잘 먹는다. 그래서, 출근해서도 나는 혼밥을 즐긴다.

점심시간의 혼밥에는 나름의 절차가 있다. 하루 전날, 내일의 점심 메뉴를 신중하게 고민한다. 이때부터 이미 입꼬리가 올라가면서 기분이 상당히 좋아진다. 메뉴 선택이 끝나면 식당 오픈 시간에 맞춰 전화로 1좌석을 예약한다. 손님이 몰리는 피크타임에 1인분의 식사 주문은 거절당할 확률이 높기 때문에, 오픈 시간에 맞춰 미리 예약하지 않으면 곤란해질 수 있다. 다음 날, 기다리던 점심이 되면 혼자만의 식사시간을 갖는데, 남들과 관심도 없는 대화를 의무적으로 나눌 필요도 없고, 타인의 식사 속도에 맞출 필요도 없다. 혼자의 어색함에서 벗어나려고 괜히 오지도 않은 카톡 메시지를 훑어보거나 유튜브에 의지하지도 않는다. 오로지 요리의 맛에만 집중할 뿐이다. 회사에서의 혼밥이 좋은 이유를 대 보라면 끝도 없지만, 그날그날 내가 원하는 메뉴를 오롯이 즐길 수 있다는 것만으로도 출근길이 기대될 정도니, 이 정도면 최고의 수확 아닌가 싶다.

이쯤 되면 회사에 밥 먹으려고 출근하는 거 아니냐 의심할 수 있겠으나, 솔직히 말하면 반쯤은 사실이다. 다 먹고 살자고 일하는 거지 않나. 일보다는 밥이 우선이다. 만족스러운 혼밥으로 맛있게 충전하고, 그 에너지로 업무 효율을 높인다면 더할 나위 없지 않겠냐는 게 나의 논리다.

『고독한 미식가』의 작가 구스미 마사유키는 누구나 인정하는 혼밥의 대가다. 대표작인 『먹는 즐거움은 포기할 수 없어』, 『낮의 목욕탕과 술』을 보면 제목에서부터 직장인들의 판타지를 온몸으로 표현하고 있다. 먹는 즐거움을 포기할 수 없다니. 나는 여기에 한술 더 뜨려 한다. 혼밥의 즐거움을 포기할 수 없다고.

자, 이제 내일의 점심 메뉴를 고를 시간이다. 나는 지금, 그 어느 때보다 신중하다.

빌런이 나타났다!

••• 빌런은 마블에나 있는 건 줄 알았다. 그런데, 직장 생활을 하다 보니 사방이 빌런밭이다. 오피스 빌런을 만나게 되는 일은 불쾌하기 짝이 없는데, 특히나 상대가 선배나 직장상사라면 단순히 심기 불편한 정도로 끝나지 않는다. 꼰대 빌런들은 대개 팀 내에서 퇴사유발자 역할을 맡고 있기 때문이다. 무려 내 밥줄이 달려 있다는 얘기다, 내 밥줄이! 이건 뭐 죽고 사는 문제가 된다.

그런데 운도 억세게 없지. 나를 못 잡아먹어서 안달이 난 직장선배를 만나게 됐다. 슈퍼 울트라 꼰대 빌런이 나타난 거다. 그 방법이 교묘하고 치사해서 처음에는 눈치채지 못했으나, 나의 측근의 측근이, 그 측근의 측근이 귀띔해 주는 바람에 확실하게 알게 되었다. 이유야 어쨌든 말해 줘서 고오맙습니다. 하마터면 모르고 당할 뻔했다. 사실 그 뒤로는 아예 대놓고 괴롭힘을 당해 모를래야 모를 수가 없었지만.

어쨌거나.

꼰대 빌런 중에서도 가장 악질은 '우주의 중심은 나' 유형이다. 지독하게 권위적이며, 존경받기를 강요하고, 본인이 가진 권한을 휘둘러 능력을 과시하는 데 열과 성을 다한다. 아무래도 그들에게는 지상 최대의 과제인 게 분명하다. 그리고 신기하게도 어느 회사를 가든 이런 빌런이 꼭 한 명씩은 있기 마련인데, 그들끼리 모여 정기 세미나라도 여는 것인지 사람을 괴롭히는 방식이 대체로 유사하다.

그들의 레이더망에 한 번 걸리게 되면 빠져나가기가 여간 어려운 게 아니다. 사사건건 지적하거나 별것도 아닌 일로 트집을 잡아대는데, 논리와 설득으로 해결될 문제가 아니라 힘의 문제다 보니 답이 없는 거다. 이런 막무가내식 공격을 계속 당하다 보면 속에서 천불이 나면서 선배고 나발이고 싹 다 엎어벌라 하고 이를 갈게 된다. 이때만큼 소리 안 나는 총 한 자루가 간절했던 적이 있었나 싶다. 하다못해 지푸라기로 만든 부두인형이라도 사서 밤마다 뾰족한 대바늘로 찔러볼까도 생각했다. 온라인에 7,000원에 팔길래 장바구니에 담아두려다가 이게 뭐하는 짓인가 싶어 그만뒀다. 사람이 스트레스로 이성이 마비되면 이렇게 샤머니즘으로 빠진다. 참고로 나는 크리스천이다.

이런 일상이 반복되다 보면 고통에서 벗어나기 위해 퇴사를 고려하게 된다. 직장상사에게 시원하게 싸지르고 잘리기 전에 내가 먼저 관두는 방법도 있겠지만, 자존심이 밥 먹여주지 않는다는 걸 우리는 알고 있다. 잠깐 통쾌하자고 소중한 밥벌이를 거지깡통처럼 차내 버릴 수는 없는 일이다. 한두 달로 끝날 줄 알았던 보릿고개가 무려 반 년 동안 이어졌을 때, 내가 힘들게 쌓아올린 1인 가구가 어떻게 무너 져 내렸는지 너무 잘 알고 있다. 돈이, 그 망할 놈의 돈이 원수다.

꼰대 빌런의 괴롭힘에 대처할 때 가장 경계해야 하는 건, 지렁이 도 밟으면 꿈틀한다는 걸 보여줄 심산으로 패기 있게 대항하는 방식 이다. 패기 부리다 패대기 당한다. 그러다 피 흘리는 사람 여럿 봤다. 이런 극한의 상황에서는 나를 괴롭히든 말든 모르는 척으로 일관하 면서 때때로 분위기 봐서 납작 엎드려주는 게 답이다. 솔직히 본인은 하도 굽실굽실대다 굼벵이가 될 판이었다. 비굴한 직장인 대회가 있다면 세 계 챔피언이었을 거다. 이런 유형의 빌런들은 자신의 권위에 맞서는 걸 가장 질색하기 때문이다. 큰 태풍을 만났을 때 맞서기보다 젖은 낙엽 마냥 바닥에 붙어 있는 게 생존에 유리하다.

그런데 이런 식으로 버티는 게 자존심 상해서 못 해먹겠다면, 생 각의 전환을 할 필요도 있다. 연애의 갑을관계에서도 집착하는 쪽이 을이 되듯이, 직장에 대한 집착을 버리면 마음이 한결 편해진다. 어 차피 평생 다닐 직장도 아닌데 잘려도 상관없다고 마음먹는 순간, 거 대해 보이던 빌런이 스머프처럼 쪼그라들게 된다. 조직 내에서나 직 장상사 신분이지, 때려치우고 나면 한낱 동네 아줌마, 아저씨에 불과 한 것을. 여기서나 큰소리치지, 밖에서는 찍소리도 못하는 초라한 중 년일 뿐인 것을. 길바닥에서 마주친들 눈 하나 깜짝할 이유가 없다. 이렇게 마음을 고쳐먹었을 뿐인데 베나치오 원샷한 것처럼 속이 뻥

뚫렸다. PPL 노리고 한 말 아니다.

그래서 결국 이 드라마의 끝은 어떻게 되었냐고? 뭐 어떻게 됐겠나. 내가 다른 프로그램을 맡게 되면서 더 이상 빌런의 얼굴을 볼 일은 없어졌다. 하지만 해피엔딩일 줄 알았던 이 드라마에 막판 반전이 있을 줄 누가 알았겠나. 꼰대 빌런이 사라지자 신종 빌런이 나타나고, 신종 빌런이 처치되더니 변종 빌런이 등장했다. 직장 내 빌런 질량 보존의 법칙이 증명되는 순간이다. 어느 직장에나 빌런은 있기 마련이다. 내 의지로 어찌할 수 없는 영역임을 빠르게 인정하고, 언젠가 응징당하겠거니, 사필귀정, 인과응보의 정의는 살아 있겠거니 생각하는 게 속 편하다. 그리고, 그만두게 돼도 상관없다고 말은 했지만, 솔직히 내 발로 나가줄 생각도, 해고될 생각도 전혀 없다. 얼마나 귀한 내 밥줄인 줄 아시는가. 악착같이 붙어 있을 거다. 그러니, 감히, 누구든 내 밥줄로 장난칠 생각은 꿈도 꾸지 마시라.

Life Tip
알아두면 유용한 직장생활 깨알 팁

'일로 만난 사이'와는 인스타그램 등 SNS 계정 공유하지 않기

아무리 팀워크가 좋아도 일로 만난 사이라면 같이 '일만' 하자. 업무에 필요한 전화번호 외에는 사적인 정보는 공유하지 않는 게 좋다. 평소에 회식이나 편한 식사 자리에서도, 굳이 주말에 뭘 했는지 휴가 계획이 뭔지 시시콜콜 얘기하지 말도록 하자. 나의 사생활이 다른 사람의 입방아에 오르내릴 수도 있고, 괜한 오해와 왜곡된 이미지를 심어줄 수 있다. 그리고 SNS 상태메시지에 우회적으로라도 회사에 대한 얘기는 꺼내지도 말자. 알아볼 사람은 다 알아보게 돼 있다.

책상에 쌓인 천덕꾸러기? 명함관리 어플로 정리하기

미팅을 많이 하다 보면 어쩔 때는 명함을 한번에 7개씩 받게 된다. 21세기에도 종이명함은 여전히 유효하다. 일단 책상에 있는 작은 박스에 넣어두는데 그러는 것도 하루 이틀이지 나중에는 처치 곤란한 지경에 이르게 된다. 안 그래도 좁은 책상에서 공간만 차지하는데, 혹시 몰라 버리지도 못하고, 이러지도 못하고 저러지도 못할 때 명함관리 어플로 정리해 보자. 가장 좋은 기능은 전화가 오면 발신자의 명함 정보가 자동으로 표시된다는 것. 전화가 왔을 때 허둥대며 '뉘신지' 하고 묻지 않게 되는 것만으로도 나의 업무능력이 향상될 수 있다는 사실을 기억하자.

회사 일은 짧고 굵게! GTD로 효율적으로 관리하기

GTD는 Getting Things Done의 약자로 데이빗 앨런이라는 사람이 만든 말인데, 한마디로 효율적으로 시간을 관리해서 해야 할 일을 깔끔하게 해결하자는 취지다. 온종일 일을 한다고 했는데 뭘 했는지 모르겠고 해도 해도 끝이 없다고 느낄 때 GTD를 활용해 보자. 일단, 해야 하는 일을 모두 적은 다음, 중요도나 마감일정에 따라 업무를 분류한다. 그다음부터는 무조건 실행하는 거다. 당장 해야 할 일, 빨리 끝낼 수 있는 일부터 도장깨기처럼 끝내고 나면 업무 리스트의 개수가 줄면서 성취감도 생기고, 일의 집중도도 올라간다. 시간관리 못하니즘으로 고민하는 사람이라면, 앱스토어에서 'Things' 등 유료 어플이나 'To Do List' 같은 무료 어플로 도움 받아 보자.

직장인이라면 나랏돈으로 바리스타, 플로리스트 자격증 따기

고용보험에 가입된 직장인이라면(본인은 안타깝게도 프리랜서라 해당 사항이 없다) 내일배움카드를 발급받아 국비지원으로 각종 자격증을 공부할 수 있다. 직장생활을 하면서 내 돈 안 내고 취미생활도 하고 자격증까지 딸 수 있으니, 투잡이나 퇴사 후의 직업을 위한 준비의 기회로 삼을 수 있겠다. 후배는 국비지원으로 플로리스트 자격증 공부를 했는데, 사실 직장 다니며 시간을 할애하는 게 만만치는 않지만, 무려 무료가 아닌가, 무료! 직장인으로 누릴 수 있는 기회를 놓치지 말자.

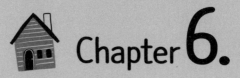

Chapter **6.**

체크해 보기,
건강

하루 만 보 걷는 여자

••• 하루에 만 보. 비가 오나 눈이 오나 반드시 채워야 하는 매일의 할당량이다. 출퇴근길에 걷는 양은 보통 5,000~6,000보인데 퇴근하고 집 앞 공원에서 3km 정도 걸어주면 만 보 채우는 건 일도 아니다. 여유 있는 주말에는 2만 보도 너끈하게 걷는다. 2만 보면 거의 8km. 만만치 않은 거리다. 집에서 출발해 여의도 땅의 절반을 뚝 떼어 서여의도 둘레길을 걷고 오면 만보기에 여지없이 8km가 찍힌다. 서여의도 코스를 특별히 애정하는 이유는, 서강대교 아래에 너른 평상이 있는데 거기 앉아 한강뷰를 바라보며 먹는 즉석라면이 꿀맛이기 때문이다. 웬만한 분식집 아줌마가 끓인 것보다 맛있는 기계맛이 있다. 정교하고 변함없는 맛.

이쯤 되면 눈치챘겠지만, 그렇다. 정확히 보셨다. 걷기부심 있는 거 맞다. 20대에는 10cm 힐을 잘도 신고 다녔지만 요즘은 신발장에서 하이힐이 자취를 감춘 지 오래다. 어딜 가건 오직 운동화다. 타고 나길 운동신경과 인연이 없는 비루한 몸이지만 걷기 하나만큼은 기똥차게 잘한다. 아주 타의 추종을 불허한다.고 믿고 싶다.

걷는 일에는 특별한 규칙이 없다. 발바닥을 땅에 디디면서 앞으로 전진하기만 하면 된다. 세상에서 가장 쉬운 운동 다 모아놔도 그중에서 최고봉일 거다. 그래서 좋아한다. 힘든 운동은 체질적으로 몸이 거부한다. 걷는 방향이나 속도는 오직 그날의 기분과 컨디션에 따라 좌우되는데, 동행이 있으면 운동이 아니라 산책이 되어 버릴 수 있기 때문에 주로 혼자 걷는다. 혹시, 달리기도 아니고 기껏 걷는 게 무슨 대단한 운동이라도 되는 것처럼 말하느냐 하는 분이 있을지 모르겠으나, 함부로 무시하지 마시라. 2만 보를 걸으면 약 350kcal가 소모되는데, 두툼한 피자 한 조각 칼로리가 내 배에서 빠져나간다고 생각하면 된다.

걷기가 건강에 좋은 운동인 이유는 또 있다. 걷기를 꾸준히 하면 혈당과 혈압이 조절되면서 심장 건강에도 좋을 뿐더러 행복호르몬인 세로토닌이 분비돼 면역력까지 올라간다고 한다. 서당개도 3년이면 풍월을 읊는댔다. 십수 년 방송하며 의사 출연자들에게 귀동냥으로 들은 건강정보가 상당하다. 달리기처럼 무릎연골 상할 걱정 안 해도 되니, 단언컨대 흠잡을 데 없이 완벽한 운동이다.

결정적으로 뉴욕을 한 달가량 여행했을 때 걷기의 효과를 온몸으로 체감했다. 두툼한 뉴욕 스테이크에 당 덩어리 매그놀리아 컵케이

크를 하루에 몇 개씩 먹고, 그것도 모자라 밤이면 밤마다 신라면으로 입가심을 했는데도 살이 불기는커녕 홀쭉해졌는데, 그게 다 하루 3만 보에 육박하는 무지막지한 걷기 덕분이었다. 애비뉴와 스트리트로 바둑판 같이 반듯하게 길이 잘 닦여 있는 맨해튼은 걷기에 최적화된 도시다. 교통비도 아낄 겸 여행 동선의 대부분을 걸어서 해결했는데, 여행 막바지에는 청바지 허리가 뱅글뱅글 돌아갈 정도로 살이 빠져 있었다. 물론 서울로 돌아와서 원상복구 되는 건 삽시간이었지만.

걷기코스 가운데 귀갓길에 걷는 코스 하나를 추천하고 싶은데, 어디냐고 물어보면 양화대교…가 아니라 마포대교다. 회사에서 마포역까지만 대중교통을 이용하고, 마포역에서부터 한강다리를 지나 집까지 걸어서 간다. 마포대교는 도보로 약 32분 거리, 약 1.2km로 초미니 코스다. 마포대교의 도보 전용길은 폭이 꽤 넓고 안전한 데다 중간지점에 너른 벤치가 있어 쉬어갈 수도 있다. 특히 퇴근 시간대의 마포대교는 어디 내놔도 빠지지 않을 뷰맛집이다. 여의도 고층 빌딩의 스카이라인과 국회의사당 방향으로 지는 붉은 노을, 그 사이로 하늘을 가로지르는 비행기의 실루엣까지 더해지면 그 풍경은 장관이고 절경이며 신이 주신 선물이 된다. 버스 안에서는 5분도 안 돼 잠시 스쳐지나갔을 풍경이지만, 360° 파노라마로 찬찬히 감상할 수 있는 건 내가 '걷고' 있기 때문이다. 이러니 내가 걷기를 멈출 수가 없는 거다. 한번은 비가 부슬부슬 오는데도 접이식 우산 하나 챙겨들고 기어이 한강공원으로 걸으러 나갔다. 그때 정확히 알았다. 걷기에 중독됐다는 것을.

특히 아무 소득 없이 멍하니 하루를 날려버린 날이면, 밤 10시에라도 집 앞 공원에 나가 무조건 걷는다. 땀을 한 바가지씩 흘려가며 하루의 걷기 마일리지를 채우고 나면, 뭐라도 해낸 기분이 들기 때문이다. 금쪽같이 귀한 하루를 내다 버리진 않았다는 최소한의 안도감과 성취감이 생긴달까. 깨알만 한 성취감일지라도 매일매일 경험할 수 있다는 건 큰 소득이다.

심지어, 걷다 보면 돈도 생긴다. 어차피 매일 걷는 거 만보기에 찍힌 숫자만큼 돈으로 적립되면 얼마나 좋을까 생각만 했는데 세상에, 그런 게 있다. 만보기앱 덕에 걸어서 번 돈으로 스타벅스 아메리카노도 마시고 뚜레쥬르에서 크림빵도 사 먹는다. 그런데, 걷기학교 교장을 자처하는 하정우는 안타깝게도 이 사실을 아직 모르는 모양이다. 그는 『걷는 사람 하정우』에서 1보당 1원씩 적립해서 환전해 주면 어떨까 하는 '공상'을 해 본 적이 있다고 고백한 바 있다. 연락만 된다면 이 기쁜 소식을 꼭 전해 주고 싶다.

하루 3만 보를 찍는다는 걷기교주 하정우가 살아 있는 한 걷기를 계속할 거라 다짐했던 것처럼, 나 역시도 무릎과 발목 관절이 버텨주는 한 언제까지라도 계속 걷고 싶다. 돈이 드는 것도 아니고 러닝화만 있으면 언제든 가능한데 안 할 이유가 없지 않은가. 걷기의 재미를 모르는 사람이 세상에 단 한 명도 없었으면 좋겠다. 그런 의미에서 우리나라 복지 정책으로 1가구 1러닝화 보급을 실현하면 어떨까 하는 엉뚱한 공상을 해 봤다.

자, 여러분. 이제 책은 잠시 덮고, 운동화 끈 질끈 묶고, 일단 밖으로 뛰어 나가보시길 바란다. 변변한 걷기 코스가 없다는 핑계는 넣어두시고, 하다못해 동네 뒷골목이라도 좋으니 미처 몰랐던 길을 내 발로 개척하는 재미, 그 즐거움을 꼭 느꼈으면 좋겠다. 그리고, 어쨌거나 모두 건강하시라. 하늘이 두 쪽 나도 무조건 건강이 최고다.

Life Tip

운동화 끈 매기도 귀찮거나 지칠 때 힘이 되는 걷기 루틴 도우미들

하루 만 보 걷고 돈도 버는 만보기앱 캐시워크

간혹 유튜브에 '캐시워크로 돈 쉽게 버는 법'으로 진동이 있는 운동기구 위에 올려두거나 피아노 치면서 위에 올려두는 경우를 봤지만, 앱테크가 목적이 아닌 최소 만 보 채우는 게 목적이니 편법은 가볍게 패스하자. 100걸음당 1원으로 하루 만 보를 걸으면 최대 100원이 쌓인다. 한 달에 3,000원에 불과하지만 동기부여로는 최고라 하루 만 보를 채우지 않을 수가 없다. 모든 캐시로 스타벅스, 할리스 커피는 물론, 뚜레쥬르, 크리스피까지 사용처가 다양한데, 나의 최종 목표는 풋샵에서 전신케어를 받는 것이다.

나이키 러닝 클럽 어플 활용하기

캐시워크와는 또 다른 재미가 있는 전문적인 걷기 앱이다. 아예 러닝화 신고 본격적으로 걸을 때 사용하는데, GPS로 내가 걸은 동선을 한눈에 파악할 수도 있고, 주간 15km챌린지 등 목표를 달성해 가는 맛이 있다는 게 가장 큰 장점이다. 러닝 거리에 따라 옐로우, 오렌지, 그린 등 레벨을 올릴 수도 있어 도장깨는 재미도 있다. 또, 혼자 걷기 심심할 때 러닝 코치들의 오디오 가이드를 활용하면 심심하지 않게, 오래 걸을 수 있다.

우리 동네 러닝 크루 회원 가입하기

여의도 한강공원에 가보면 단체로 뛰고 있는 사람들이 심심찮게 보이는데, 이들이 바로 러닝클럽이다. 보통 매주 하루 이틀 정기적으로 모여 함께 달리는데, 참가비 따로 없이 사전신청만 하면 참여할 수 있다. 혼자서는 도저히 지루해서 못하겠다 싶다면, 러닝 크루에 가입하는 것도 좋은 방법. 단, 여기는 걷기보다 진짜로 달린다. 후배 작가는 88올림픽 일대에서 러닝 크루로 활동하고 있는데, 거기서 몸 좋고 잘생긴 남자를 만났으면 좋겠다. 그렇다면 운동도 하고 남자도 만나고 일석이조!

엉덩이는 포기할 수 없어

••• 호캉스에 풀장이 빠지면 서운하다. 며칠간의 짧은 휴가가 생겼던 어느 날, 날씨도 좋고 기분도 좋고 아무튼 이래저래 좋아서 수영복 챙겨들고 제주도로 날아갔다. 이래 봬도 혼행 경력 만렙이다. 혼자서도 얼마나 잘 노는지 모른다. 큰맘먹고 예약한 오성급 호텔은 야외풀에서만 놀아도 본전 뽑을 만큼 만족스러웠다. 야자나무로 둘러싸인 이국적인 뷰에 한겨울에도 끄떡없을 온수풀, 낮잠 들고 싶어지는 안락한 썬베드까지 뭐 하나 빠지는 게 없었다. 역시 돈이 좋구나 싶다. 자본주의 만세다. 새로 장만한 수영복도 마음에 들었겠다, 만장 정도 찍은 인증샷 중에 여행스타그램용 사진을 고르고 있었는데,

어라? 엉덩이가 어디 갔지? 똑똑똑, 혹시 거기 계세요? 수영복 입은 내 사진에서 있어야 할 게 보이질 않았다. 뭐가 좀 허전하다 했더니, 8월의 땡볕 아래 빵빠레처럼 엉덩이가 흔적만 남기고 감쪽같이

사라져 버린 거다. 엉덩이의 생명은 볼륨감이건만 책받침이라도 집어넣은 것처럼 납작한 모양새다. 너무 납작해서 미끄럼틀인 줄 알았다. 따흑. 참담한 심정이었다.

엉덩이를 집에 두고 온 게 아니다. 당신이 지금 생각하는 그 이유가 정확하다. 내 몸이 늙… 아니, 노화되고 있다는 증거가 맞… 눈물이 앞을 가려서 더 이상의 말은 차마 생략하겠다. 아, 그래서 마트에만 가면 내 뒤통수에 대고 '사모님 오늘 물건 좋아요. 사가세요'라고 외쳤던 모양이다. 내가 어딜 봐서 사모님이야 했는데, 여길 봐서 그랬나 보다. 꼬부랑 할머니가 되어도 비키니 입으려고 했던 야심찬 목표가 수포로 돌아가게 생겼다. 솔직히 그동안 눈치는 챘으나 모른 척 애써 외면하고 살았는데, 사진 속에 적나라하게 드러난 내 엉덩이의 실체를 마주하고 나니 더 이상 물러설 곳이 없다는 걸 직감했다. 이제 한발만 더 나가면 천길 낭떠러지인거다.

납작한 엉덩이로는 왠지 자신감이 나지 않는다. 비싼 걸 몸에 걸쳐도 초라한 기분이 든다. 그 뒤로 우리 팀에서 20대 여자애들을 보면 유독 엉덩이에 시선이 꽂혔다. 어머나 세상에. 부익부 빈익빈이 여기 있었다. 그녀들의 만수르급 엉덩이에 비하면 가난한 내 엉덩이는 연민이 느껴질 정도다. 역시 나이는 엉덩이로 먹는 게 확실하다. 비교는 불행의 시작이라더니, 비교할수록 상실감은 배가 되었다.

의사들 말로는 엉덩이 근육만 봐도 전신근육의 상태를 알 수 있다고 한다. 나이 들면 팔다리만 가늘어지는 게 아니라 엉덩이부터 근육이 소멸되면서 납작해진다는 소리다. 문제는 엉덩이 근육이 부족하면 척추질환부터 오만 가지 병이 동시다발적으로 생길 수 있기 때문에, 근육을 채워 넣을수록 건강에 유리하다는 거다. 그래서,

유튜브를 열었다. 엉덩이를 폭파시키네, 하루 15분이면 끝나네 하는 귀가 솔깃해지는 썸네일이 지천에 널렸다. 당장이라도 꺼진 엉덩이 볼륨을 회생시켜줄 것만 같다. 요즘 홈트가 트렌드라는데, 내가 별 수 있나, 대세에 따르는 수밖에. 모닝 스쿼트 100개부터 시작했다. 그런데 며칠이 지나도 엉덩이에는 힘이 안 들어가고 허벅지만 산란기의 고등어가 되어 갔다. 엉덩이 얻으려다 엉덩이는 고사하고 각선미까지 잃게 생겼다. 데드리프트로 종목을 바꿔봤지만, 허리통증만 생길 뿐 엉덩이에는 도통 자극이 느껴지지 않았다. 양손에 2kg짜리 덤벨을 쥐고 하루 30개를 채웠던 아침은 작심삼일의 의미를 몸소 체험하는 시간이 되었다. 뜻밖의 유익한 시간이었다. 망했다는 소리다.

납작한 엉덩이로 여생을 마무리해야 하나 낙심하던 그때, 계단 오르기만으로 살도 빼고 힙업까지 달성했다는 귀인들을 역시 유튜브 영상으로 만나게 됐다. 특별히 돈 주고 센터에 가입할 필요도 없고, 운동 기구가 필요한 것도 아니며, 오로지 계단만 오르면 된다는 점이 상당히 마음에 들었다. 계단을 오를 때 두 칸씩 걸어라, 몸을 앞으로 기울이지 말고 수직으로 걸어라, 유튜버마다 노하우는 각기 달랐지만 공통점은 엉덩이에 자극을 느끼면서 오르라는 것. 그리 어렵지 않

은 조건이다. 밑져야 본전인데 무조건 해 보는 거다. 걷는 거 하나는 자신 있는 나인데, 계단 걷기라고 다를까 싶었다.

이 와중에 참 다행인 건 내가 근무하는 사무실이 24층 건물의 꼭대기층이라는 사실이다. 그 말은 걸을 수 있는 계단이 아주 많다는 얘기다. 일단 1층에서 비상구 문을 열고 계단에 섰다. 비상계단의 공기는 썩 쾌적하지는 않았다. 그래도 출입하는 사람이 없으니 혼자 운동하기에 나쁘지 않은 환경이다. 1층부터 8층까지는 생각보다 숨도 차지 않고 걸을 만했다. 생각보다 가뿐하다는 생각으로 계단을 오르는데, 17층 정도 되니 나도 모르게 비상구 문을 바라보게 됐다. 숨이 가빠지면서 허벅지는 불타오르고, 후들대는 종아리는 숭구리당당이 따로 없다. 힘들어 죽을 지경이다. 20층 정도 오르니 이런 게 임계점이구나 싶다. 이때 내적갈등이 최고치에 이른다. 누가 억지로 시킨 것도 아닌데 그냥 이대로 나가서 엘리베이터 타고 올라갈까 하는 충동이 생겼다. 하지만, 그럴 수는 없는 일이다. 볼륨의 부익부 빈익빈 어쩔 건가. 제발 정신 차리자.

이럴 때는 무념무상이 최고다. 한번 힘들다 생각을 하면, 그 생각이 금세 머릿속을 점령해 버리기 때문에 마음이 약해진다. 그럴 때는 답도 없다. 그저 최선을 다해 아무 생각이 없는 상태를 유지하며, 층계 숫자도 보지 않고 계단을 계속 오르는 수밖에. 폐가 입 밖으로 튀어나올 때쯤, 마침내, 벽면에 숫자 24가 보였다. 비상계단 문을 열고 사무실로 들어서는데, 계단 오를 때는 한 방울도 나지 않던 땀이 홍수처럼 쏟아졌다. 관악산 정상에 올랐을 때처럼 푹 젖은 몸으로 정수기 앞에서 물을 2컵이나 벌컥 들이켰다. 타이머를 보니 7분가량 걸렸다. 어라 7분? 타이머 고장 난 거 아냐? 겨우 7분간 계단을 올랐던 거다. 다시는 못하겠다 싶었는데, 하루 7분이면 충분히 해 볼 만한 게임 같았다.

그날 저녁, 불타는 허벅지의 참을 수 없는 고통으로 눈물을 흘리며 밤잠을 설쳤지만, 그래도 처음이라 그래 며칠 뒤엔 괜찮아져, 라고 나를 타이르며 다음 날, 다시 1층 비상계단 문을 열었다. 그 뒤로도 특별한 일이 없으면 24층까지 계단을 오른다. 그렇게, 계단걷기를 시작한지 꼬박 한 달이 지나고 있다. 유튜버들이 약속한 시간이 한 달이었다. 지금 나의 엉덩이 상태가 매우 궁금하실 것 같은데, 공개하기 전에 계단걷기로 얻은 성과 3가지를 말하고자 한다.

하나. 벼락치기 운동으로 드라마틱한 효과를 보는 건 20대에나 가능하다는 걸 확실히 알게 되었다는 것
둘. 그래도 이제 더 이상 엉덩이를 소홀히 대하지 않고 지속적인 관심을 가지게 되었다는 것
셋. 그래서 내년 여름에는 좀 더 자신 있게 호캉스 갈 수 있겠다는 희망이 생겼다는 것

아직 뚜렷한 변화가 생긴 건 아니지만, 뭔가를 하고 있다는 자체로 만족스러운 상태랄까. 그런데 이쯤에서 짚고 넘어가야 할 게 있다. 무슨 엉덩이 타령을 그렇게 하느냐 불편해하는 분도 있을 수 있겠으나, 나는 외모지상주의도 아니며 그럴 주제가 못 된다 남들 시선의 노예라 그런 건 더더욱 아니다. 단지 나이 들어도 청바지핏이 살아있었으면 좋겠고, 입고 싶은 수영복을 언제라도 맘껏 입고 싶을 뿐이다. 내 몸에 무관심하지 않고 애정을 쏟는 것뿐이며, 지금 내가 할 수 있는 것을 할 뿐이다.

그래서, 엉덩이에 대한 관심은 멈추지 않을 예정이라는 거다. 아무것도 하지 않으면 내일의 내일의 내일의 나에게 미안해질 것 같으니까. 뭐 그렇다고 제시나 카디비처럼은 죽었다 깨나도 못 되겠지만. 그녀들의 이름을 꺼낸 것도 사실 사치다. 최소한 책받침 소리만 안 들었으면 좋겠다는 게 솔직한 심정이다.

매일의 요가 루틴

••• 찰나의 순간이었다. 몸이 공중에 붕- 하고 떠올랐다 그대로 바닥에 떨어지는 광경이, 10만 분의 1초가 한 프레임이 되어 내 눈앞에 슬로모션으로 펼쳐졌다. 방향을 잃은 팔다리가 어디 의지할 데를 찾아 필사적으로 허우적거렸지만, 1초 뒤 내 몸이 맞이하게 될 불운을 직감적으로 알 수 있었다. 이미 시간을 되돌릴 수 없다는 걸 잘 알기에, 나는 텅 빈 동공으로 그렇게 현실을 받아들였다.

"쿵! 털썩…."

⋮

사건의 개요

장소: 우리 집 화장실

발생원인: 청소 도중 비누 거품을 밟고 미끄러짐.

피해 상황: 허리 부상으로 1시간가량 거동 불가능

모처럼의 쉬는 날, 그간 미뤄왔던 화장실 바닥 청소에 열중하다가 균형을 잃고 그대로 나자빠진 사건이다. 미끄러운 타일 바닥을 맨발로 다녔으니 억울할 것도 없는 명백한 나의 실수다. 영화의 한 장면처럼 공중부양하다 바닥으로 떨어졌는데, 마치 파리채에 한 방 맞은 벌레처럼 그 자리에서 꼼짝 못하는 신세가 되고 말았다.

허리를 다쳐도 제대로 다쳤는지 그 자세로 옴짝달싹할 수가 없었고, 119의 도움이 절실했으나 휴대폰은 너무 당연하게도 침대 위에 있었다. 결국, 놀란 근육이 진정되길 한참을 기다렸다가 도마뱀처럼 사지를 이용해 거의 기다시피 해서 사고현장에서 벗어날 수 있었다. 이럴 땐 집 안에 아무도 없는 게 불행인지 다행인지 모르겠다. 도움을 못 받아서 불행한 건지, 그래도 추한 꼴 아무에게도 들키지 않아 다행인 건지. 에라이, 둘 다 별로다. 그래도 도저히 허리를 세우거나 걸을 엄두가 나지 않았던 터라 다음 날에야 겨우 정형외과에 방문할 수 있었다. 그런데, 담당 의사로부터 청천벽력 같은 얘기를 듣게 된 거다.

"넘어진 거야 진통제 주사 맞고 일주일쯤 지나면 통증은 가라앉을 거예요. 그런데, 이 대목에서 '그런데'는 뭔가 불길하다. 맥락상 좋은 말이 이어질 리가 없다. 그리고, 역시나⋯ 엑스레이상으로 일자목도 심하고 척추는 또 한쪽으로 휘었네요. 그리고, 디스크에도 문제가 있어 보이는데 CT 한번 찍어 보시죠."

덜컥 겁이 났다. 'CT라니, 혹시 디스크 수술이라도 해야 하는 건가? 이러다 일을 쉬게 되면 나는 누가 먹여 살리나' 하는 혼자 사는 여자의 현실적인 걱정이 앞섰다. 평소 똑바로 누우면 허리에 통증이 느껴져 옆으로 자는 일이 다반사였고, 컴퓨터 작업하다 보면 목이 뻐근하다는 느낌을 자주 받았지만, 누구나 이 정도 불편은 감수하고 사는 거 아닌가 싶었다. 그런데, 심각한 일자 목에 척추까지 휘었다니. 엑스레이 사진이 두 눈을 똑바로 뜨고 내 몸이 정상이 아니라고 경고하고 있었다.

그러고 보니, 평소 자세가 여간 불량한 게 아니다. 자리에 앉을 때는 다리 꼬지, 서 있을 때는 짝다리 짚지, 걸을 때는 목을 쭈-욱 빼고 걷지, 남들은 잘만 돌아가는 어깨도 반만 돌아가다 말지, 목이며 허리 어디 하나 뻣뻣하지 않은 구석이 없다. 녹슨 양철 로봇도 이보다는 유연할 것 같다. 아끼는 프라다 가방은 가죽 뻣뻣해질까 전용크림도 수시로 발라주면서, 정작 가장 소중한 내 몸은 굳어가건 말건 안중에 없었던 거다. 진즉에 눈치채고 신경 썼으면, 화장실에서 그렇게까지 맥없이 자빠지지 않았을지도 모르겠다. 실제로 낙상사고 예방을 위해서는 유연성과 균형감을 키우는 게 최고라고 한다. 물론 노인들에게 당부하는 얘기이긴 하지만.쩝-

그래서 요가를 시작했다. 사람의 생체나이는 유연할수록 젊다는 사실을 아시는가. 갓난아기의 고무인간 같은 유연성을 떠올리면 쉽게 납득이 간다. 그렇게 따지면 생체나이가 팔순 할머니쯤 되는 나에게 요가가 얼마나 절실한지는 두말할 필요도 없다. 솔직히 옷이 예뻐서 시작한 요가를 벌써 7, 8년째 하고 있으니 꽤나 성공적이라고 할 수 있겠으나, 사실 처음에는 전혀 흥미를 붙이지 못했다. 개, 고양이에 나비, 전갈, 물고기까지 온갖 동물들의 자세들을 따라 하는데, 남들 다 되는 동작이 나만 되지 않았고, 전신거울에 비친 내 모습은 등신 같기만 했으며, 유연성이 생기는 속도보다 자괴감 쌓이는 속도가 빨랐다. 이쯤 되면 손절해야 마땅한데 그러지 않았던 건, 요가를 하면서 몸이 얼마나 굳어 있었는지를 뼈저리게 느꼈기 때문이다. 나는 인간이 아니라 낡은 고목이었던 거다.

그래서 요가원에 계속 돈을 갖다 바쳤다. 지긋지긋하고 그만두고 싶을 때마다 '그동안 내가 쓴 돈이 얼만데' 하고 본전을 떠올리며 끈질기게 나갔다. 그렇게 오기와 끈기로 7년쯤 버티다 보니, 요가의 맛을 알아버린 거다. 아주 느린 속도지만 몸의 변화가 느껴졌다.

쥐며느리처럼 구부정했던 어깨가 펴지면서 숨겨왔던 쇄골이 드러나고, 피사의 사탑처럼 아슬아슬하게 기울어져 있던 거북목이 제자리를 찾아갔으며, 돌덩이처럼 묵직하게 굳어 있던 어깨도 어딘가 가벼워졌다. 결정적으로 허리통증 때문에 옆으로 누워 자던 내가 이제 똑바로 누워 천장을 보며 잠들 수 있게 되었다. 놀라운 인체의 신비다. 요가가 사람 하나 살렸다.

거의 매일매일의 습관이 쌓여 이뤄낸 쾌거에 가장 놀란 건 물론 나다. 퇴근 후 여유가 있으면 요가원에서, 시간이 부족할 땐 집에서 열심히 매트를 깔았던 내 덕분이다. 몸은 과거로 돌아가려는 습성이 있기 때문에, 매일매일 하지 않으면 말짱 도루묵 되는 건 순식간이라고 한다. 그래서 아침에 깨자마자 침대에서 5분간 스트레칭을 하고,

자기 전에도 몸을 늘리는 스트레칭을 하고 나서야 잠에 든다. 화장실 바닥에 자빠져 있던 시절에 비하면, 천지개벽할 수준의 변화다.

이제는 해외여행을 가도 숙소 주변에 요가 클래스가 있는지부터 확인할 정도다. 뉴욕에서는 브라이언트 파크 잔디밭에서 주 3회 진행하는 요가 클래스에 참여했고, 뉴요커들은 요가 레깅스 차림으로 타임스스퀘어 거리를 활보하고 다닌다. 가장 부러운 지점이다 베트남 호이안에서는 리조트에서 멀지 않은 거리에 여행자들이 주로 찾는 원데이 클래스가 있어 수강했다. 나 빼고 전원 백인 여행객이었는데, 8년차 코리아 요가인의 자부심으로 기죽이러 갔다가 완전 기죽어서 나왔다. 어디서든 나보다 못하는 사람은 거의 없다는 걸 깨닫고 겸손해졌던 귀한 시간이었다. 제주도에 갔을 때도 호텔 피트니스센터에서 매트를 빌려 요가로 하루를 시작하기도 했다. 특별한 운동기구가 필요한 것도 아니고, 오직 매트 한 장 깔 공간만 있으면 어디서든 가능하다는 건 요가의 큰 미덕이다.

지금의 바람은 요가로 하루를 시작하거나 마감하는 일상을 일흔이 넘어서도 유지하고 싶다는 거다. 은발머리의 요가 달인이 되어, 와이키키의 뜨거운 태양 아래서 매트 한 장 깔고 우아하게 다운독(downdog) 자세를 취하고 있는 나를 떠올리면, 상상만으로도 기분이 좋다. 하와이의 요달요가달인이라. 그 날을 위해 오늘 밤에도 잠들기 전에 매트를 펼쳐야겠다.

모두들 편안한 밤 되시길. 나마스떼-.

Life TIP

하루 5분! 요가할 시간 없을 때 유용한 홈케어 3종 세트

무조건 덮어놓고 사야 할 요가소품 가운데, 하루의 피로를 풀어주는 가성비갑 3가지를 추천한다. 오래 앉아 있거나 서 있다 보면 하체가 쇳덩어리처럼 묵직해지는데, 이럴 때 5분 만에 피로를 해소할 수 있는 필수 아이템이다. 하체 순환만 잘 되어도 몸이 새털같이 가벼워지는 걸 느낄 수 있다.

폼롤러

허벅지 쪽 뭉친 근육을 푸는 데 최고다. 엎드린 자세로 한쪽 허벅지씩 롤링을 해 주다 보면 이러다 근육 찢어지는 거 아닌가 싶게 고통스럽다. 하지만, 한참 롤링을 하다 보면 더 이상 통증이 느껴지지 않는 시점이 온다. 뭉친 근막이 다 풀어졌다는 얘기다. 덤으로 못생기게 튀어나온 허벅지 라인까지 잡히니 일석이조. 굳이 딱딱한 재질이나 돌기가 있는 제품을 살 필요는 없으니 적당한 가격대의 제품을 구입하도록 하자.

요가링

근무가 유난히 빡센 날에는 종아리알이 타조알처럼 커지고 고통스럽기까지 하다. 이럴 때 요가링이 특효! 양쪽 종아리에 끼워 넣기만 하면 되는데, 우리 팀 작가들은 사무실 출근해서도 종아리에 끼고 있을 정도다.

마사지볼

이도 저도 아무것도 하기 싫은 날. 해파리처럼 축 늘어진 날. 발바닥만 공략해도 피로를 풀 수 있다. 양말을 벗고, 맨발 상태로 딱딱한 마사지볼을 이리저리 굴리며 지압을 해 보자. 내 체중을 힘껏 실어 발가락부터 발바닥 아치, 발뒤꿈치까지 모든 부위를 밟아주다 보면 금세 하루의 피로가 풀린다.

건강한 하루 한 끼 습관

••• 아침에 뭘 먹을지에 대한 고민은 전국 500만 자취 생들의 영원한 숙제다. 샛별배송으로 해결하는 지인들도 많은데, 돈 도 돈이지만 누군가 내 끼니 하나 때문에 그 새벽에 고생을 한다는 게 썩 내키지 않는다. 대충 빵으로도 때워 보고, 팔팔 끓인 현미누룽 지에 매실장아찌를 얹어서도 먹어 보고, 우유에 씨리얼과 건과일도 말아 봤지만, 일시적으로 포만감이 있을 뿐 1시간 걸려 회사에 도착 하고 나면 금세 허기가 졌다. 결정적으로 에너지가 충전이 안 된다.

휴대폰으로 치면, 딱 배터리 한 칸으로 하루를 시작하는 기분인 거다. 혼자 오래 살다 보면 아침식사 건너뛰는 습관이 몸에 배서 아무 렇지도 않은 사람도 있지만, 위에 뭘 넣어주지 않으면 힘을 아예 못 쓰는 사람도 있다. 후자가 바로 나다. 아침식사의 질에 따라 하루의 컨디션이 좌우되는데, 슬프게도 서른 중반이 넘어가면서 그 증상은 더 확실해지고 있다. 그러니 만만히 볼 게 아니다. 죽고 사는 문제다.

자취생활 1년 만에 듣도 보도 못한 몹쓸 질병에 걸렸던 적이 있다. 불에 덴 것처럼 가슴과 등에서 후끈 열감이 느껴지더니 난데없이 수포가 잡혔다. 바늘로 찌르는 듯한, 마치 생살을 칼로 사시미 뜨는 듯한, 살아생전 다시는 겪고 싶지 않은 극한의 통증이 밀려왔다. 그 마귀 같은 질병의 정체는 통증의 왕으로 불리는 대상포진이었다. 후에 방송에서 이 질환을 다루면서 알게 된 사실. 대상포진으로 인한 고통은 출산의 고통을 훌쩍 넘어선다고 한다. 출산의 고통 수치가 18이라는데, 대상포진은 23에 해당하니 상상에 맡기겠다.

대상포진은 보통 노년층들에게 취약한 면역성 질환이라고 한다. 겨우 20대 중반이었던 나의 면역 상태가 경로당 할머니와 맞먹는 수준이었다는 뜻이다. 하필이면 또 추석연휴 기간이라, 문 연 병원을 찾을 수도 없었다. 약도 없이 생짜로 고통을 참아야 했던 그때를 떠올리면 지금도 눈물이 앞을 가린다. 당시, 아침 9시면 출근해 밤 10시가 넘어 귀가하는 일이 다반사였는데, 끼니 거르기를 밥 먹듯 하다 보니 컨디션이 바닥이었던 거다. 결국 대상포진은 밥 먹기를 소홀히 한 내 탓이었다는 얘기다.

보통 이런 일을 겪으면 당장에 정신을 차려야 마땅한데, 워낙에 방송가 노예로 살다 보니 식습관은 전혀 개선되지 못한 채 한동안 더 유지 되고 말았다. 그러던 어느 날, 전기밥솥 뚜껑을 열었다가 화석처럼 누렇게 굳은 쌀밥 위로 푸른곰팡이가 이끼처럼 덮여 있는 광경을 목격하게 되었다. 공기 중에 풀풀 날리는 푸른곰팡이에 나는 질식당할 뻔했고, 곰팡이에 점령당한 밥솥은 그 자리에서 장렬히 전사하고 말았다. 근 한 달가량 밥통의 존재를 까마득히 잊고 지내다 그 사달이 난 걸로 추정된다. 그날로 우리 집에서 전기밥솥은 영원히 자취를 감추게 되었다. 10년이 지난 지금까지도 밥솥 비슷한 것도 없다. 나는 밥솥으로 밥을 지을 자격이 없는 사람인 거다.

더 이상은 미룰 수 없었다. 먹고사는 문제를 이토록 소홀할 수는 없는 일이었다. 내 몸이 영양가 없는 빈 깡통이 되어가는 섬뜩한 느낌을 받았고, 대상포진이 재발한다고 해도 억울할 일도 아니었다. 일말의 양심이 있다면, 최소한 하루 한 끼는 내 몸에 이로운 걸 줘야 했다.

그러다 우연히 동네 골목길에서 즉석 손두부집을 발견하게 된 거다. 사실 집에서 엎어지면 코 닿을 거리에 있어 하루에도 몇 번씩 마주쳤던 가게지만, 원래 의식하지 않으면 눈으로는 봐도 뇌에는 담기질 않질 않나. 사장님한테 물어보니 이 자리에서만 벌써 십수년째 장사하고 있다고 하셨다. 진열대에 성인 남자 손바닥보다 큰 새하얀 두부가 족히 15cm는 넘는 두툼한 두께를 자랑하고 있었다. 대형마트에서 보던 얄팍하고 정 없어 보이는 각진 공산품 두부와는 차원이 달랐다. 그때 직감적으로 알았다. 즉석두부가 나의 아침 한 끼를 책임지게 될 거라는 걸. 그래, 너로 정했다.

따져 보면 두부만 한 건강식이 없다. 식물성 단백질이 풍부한 완전식품으로, 콩이나 된장보다 체내흡수율이 높다는 건 잘 알려진 사실이다. **소화흡수율을 확인해 보니 정확히 콩이 65%, 두부는 95%로 아주 월등하다.** 또, 100g당 80kcal 정도의 저칼로리 식품이라 다이어트에도 도움이 되며, 식물성 여성 호르몬도 풍부해 여자 몸에도 좋다고 한다. 결정적으로 이미 익혀서 나온 식품이라 특별한 조리과정 없이 섭취가 가능하니, 나처럼 요리에 재능이 없는 사람에게 더할 나위 없이 좋은 식품이다. 어머나, 흠잡으려야 흠잡을 데가 없다. 어디 내놔도 빠지지 않는 아침 건강식으로 자격이 충분하다.

이왕이면 갓 나온 뜨끈한 햇두부를 먹고 싶어 여쭤봤더니 내일 아침 8시에 다시 오라고 한다. 즉석두부를 만드는 데 3시간이 꼬박 소요되기 때문에 새벽 5시부터 작업하면 8시가 조금 넘어야 햇두부가 진열된단다. 두부 하나에 이렇게 설렐 일인가. 뜨끈한 햇두부 먹을 생각에 새벽 6시에 한 번 눈이 떠졌다가 다시 잠들고, 그러기를 여러 차례 반복하다 8시에 알람이 울리자마자 두부집으로 총알같이 뛰어나갔다. 토실토실한 햇두부가 뜨거운 김을 뿜으며 진열대에 놓여있다. 두부 한 모에 단돈 2,000원. 얼른 포장해서 온기가 사라지기 전에 집으로 뛰어 들어갔다. 달리기에 재능이 없는 내가 이럴 때는 간헐적 우사인 볼트가 된다.

나무 도마에 김이 모락 나는 두부를 올려놓고 큰 칼로 절반을 뚝 잘라 접시에 담았다. 뜨끈한 생두부는 특별한 요리과정이 필요 없다. 그 자체로 먹는 게 예의다. 어제 미리 사둔 겉절이를 곁들여 두부김치보쌈으로 먹어봤다. 따끈하고 담백한 두부와 시원하고 아삭한 겉절이의 궁합은 단짠 조화를 넘어선다. 천상계의 맛이다. 합격! 글을 **쓰는 와중에도 침샘이 자극될 정도다. 쓰읍─**

여전히 요리에 재능도 없거니와 의지도 없는 나지만, 하루 한 끼 정도는 건강하게 차려 먹을 수 있는 수준이 되어가고 있다. 딱 두부김치보쌈만큼의 난이도지만 건강한 한 끼 메뉴는 너무도 많다. 대개 제철 채소를 활용한 것들인데, 뭐든 제철일 때 품질이 최상일 뿐더러 가격도 최고로 저렴하기 때문이다. 이참에, 바쁜 아침시간에 급하게 만들어먹는 비장의 무기 몇 가지를 공개하도록 하겠다.

계란에 물과 우유, 대파를 잔뜩 썰어 넣고 전자레인지에 5분간 돌리면 완성되는 계란찜. 토마토와 가지, 파프리카, 양파를 큼직하게 썬 다음 토마토 퓨레를 붓고 그 위에 치즈를 얹어 전자레인지에 5분 돌리면 완성되는 토마토 스튜. 미니 단호박의 속을 파낸 다음 계란 하나 깨서 넣고 모짜렐라 치즈를 솔솔 뿌려 역시 전자레인지에 5분간 돌리면 완성되는 단호박 에그슬럿. 모두 5분이면 뚝딱하고 차려먹을 수 있는 건강한 한 끼 메뉴들이다. 이토록 심플한 한 그릇 음식으로도 얼마나 하루가 든든한지 모른다. 이렇게 메뉴 몇 가지로 돌려막기 하다 보면 일주일 아침이 그냥 간다.

누군가 '오늘 내가 먹은 음식이 내일의 나'를 만든다고 했다. 건강한 한 끼 습관을 들인 뒤로 얼마나 큰 변화가 있었는지는 확인할 수 없지만, 최소한 내 몸이 만족하고 있고, 건강한 식재료들이 내 몸 어딘가에서 긍정적인 역할을 할 거라고 믿고 있다. 그래서, 내일 아침에 먹을 메뉴를 고민하는 오늘의 저녁시간이 즐거운 거다.

건강해야 혼자서도 잘 버틸 수 있다. 그리고, 잘 버텨야 혼자서도 행복하다.

Life Tip

밥만으로는 부족해! 매일의 영양제 섭취 루틴

음식으로 충분한 영양을 다 채우면 좋겠지만, 음식만으로는 부족한 부분은 영양제로 보충하고 있다. 사실 영양제 먹어라, 필요 없다 의견이 분분하지만, 근 4년간 건강방송을 하면서 의사들에게 귀동냥으로 주워들은 지식을 토대로, 나에게 필요한 영양제 섭취 루틴을 만들어봤다.

비타민C

면역을 위해 하루 1000mg의 고함량 비타민C를 매일같이 먹고 있다는 가정의학과 교수님의 말씀을 들은 뒤로, 매일같이 종합비타민을 챙겨 먹고 있다. 몸 컨디션이 아주 안 좋을 때는 하루 8알까지도 드신다는데, 의대 교수님의 건강법인데 허튼 소리는 아닐 거라 믿고 꾸준히 복용 중이다.

프로폴리스

비염 때문인지 날씨만 추워지면 코감기가 심했으며, 덕분에 연 6회는 기본으로 이비인후과를 찾았던 내가 이제 감기가 뭔지 모르는 몸으로 새롭게 태어났다. 비염에 프로폴리스가 좋다는 한 PD님의 조언으로 먹기 시작했는데, 과연 효과가 좋다. 거의 10년째 장복하고 있는데, 그 후로 이비인후과는 방문한 적이 단 한 번도 없을 정도다.

유산균

내가 만난 의사들 중에 유산균을 먹지 않는 사람이 없을 정도다. 유산균이 장 건강에 좋다는 건 다들 아는 사실이지만, 장 건강이 면역력의 80%를 차지할 정도로 전신건강에 중요하다는 사실들이 알려지면서 요즘 건강기능식품 업계에 대세가 되었다. 유산균은 온도에 민감하기 때문에 냉장 보관하는 게 좋은데, 워낙 생존율이 낮아 하루 1알로는 부족할 것 같아, 아침에 깨자마자 1알, 자기 전에 1알을 습관처럼 먹고 있다.

콜라겐

내가 만나본 유명 미용실 원장님이나 뷰티 관계자들 중에 콜라겐 안 먹는 사람이 없었다. 뷰티전문가들도 그렇게 자기 전에 챙겨먹는다는데 내가 뭐라고 안 먹겠나. 피부 콜라겐이 20대에는 100% 충전돼 있지만 나이 들수록 쭉쭉 빠져나가서 탱탱함이 사라진다고 한다. 특별히 드라마틱한 효과가 있는지는 모르겠으나, 보험이라 생각하고 매일 섭취 중이다.

1년에 한 번 숙제하는 날

••• 죽는 줄 알았다. 이렇게 아픈 줄 미리 알았다면 절대 안 했을 거다. 무방비 상태로 들어갔다가 모르고 당해 버렸다. 유방암 검사는 유방촬영술과 유방초음파가 있는데, 유방촬영술은 프레스기정확한 표현은 아니지만 꼭 그렇게 생겼다. 아무튼 안에 유방을 집어넣고 상하좌우로 압박하면서 엑스레이로 촬영하는 방식이다. 전문용어로 '짜부'됐다고 하는데, 진짜 가슴 살점이 떨어져 나가는 줄 알았다. 혹시 그 고통의 강도가 궁금하다면, 드라마 〈질투의 화신〉에서 '조정석 유방암 촬영' 장면을 한번 검색해 보시라. 조정석은 드라마에서 유방암 초기 환자로 나오는데, 촬영후기 인터뷰에서 연기가 실감났다는 칭찬에 표정연기가 리얼한 게 아니라 진짜로 아파서 나온 리얼한 표정이라고 말한 바 있다.

웬만한 공포영화보다 더하다. 매년 3월 말이 되면 치르는 건강검진은 특급 호러 무비 그 자체다. 그런데 왜 하필 매년 3월 말인가에 대한 부분이 의문이라면, 작가협회를 통해 받는 건강검진 기간이 1월부터 3월까지 한정되어 있는데 최대한 미루고 미뤄서 받기 때문이라면 설명이 될까. 그만큼 가기 싫은 걸 억지로 간다는 얘기다.

검진 날이 다가오면 열흘 전부터 이미 스트레스가 시작된다. 개학 앞두고 밀린 방학숙제를 벼락치기하는 학생처럼 평소보다 더 많이 걷고, 맥주는 일절 입에 대지도 않으며, 그 좋아하는 빵도 끊어보지만, 막상 검진 전날 밤이 되면 왜 진작 더 신경 쓰지 못했나 후회하고 자책하며 내 머리를 쥐어박는다. 이 짓을 수년째 반복되고 있다는 게 더 놀랍지만.

그렇게 미루고 싶은 검진일정이지만, 막상 당일이 되면 아침 7시에 칼같이 종합검진센터에 도착한다. 최대한 한산한 시간대에 가야 1분의 기다림도 없이 효율적으로 검사가 진행되기 때문이다. 혈액검사, 시력검사, 청력검사, 심전도, 골밀도를 휘몰아치듯 순식간에 끝내고 위장조영 촬영실로 들어갔다. 보통 위암 검사는 수면내시경을 받는 게 일반적이지만, 내시경 도중에 위장에 천공이 생겨 사경을 헤맸다는 지인의 지인의 지인의 괴담을 들은 뒤로 세상 쫄보인 나는 내시경과 손절했다. 오래 살려고 검진하는 건데 검진하다 생을 마감할 수는 없지 않나.

그렇다고 위장조영술이 내시경보다 편한 것도 아니다. 가만히 누워만 있으면 끝나는 심전도나 골밀도 검사에 비하면 난이도가 상당하다. 위장을 부풀리는 발포제와 꼭 삼화페인트 화이트 컬러 같이 생긴 끈적한 조영제를 동시에 마셔야 하는데, 부글부글 식도를 타고 올라오는 트림을 억지로 참아내는 게 아주 곤혹스럽다. 트림이 나오면 처음부터 다시 마셔야 한다고 하도 겁을 줘서 참지 않을 수가 없었다. 역시 정신이 육체를 이긴다. 위장을 조영제로 배터지게 채운 다음, 검진 담당자의 구령에 맞춰 좌로 굴러 우로 굴러를 몇 차례 반복하면서 엑스레이로 위장 상태를 촬영한다. 〈진짜 사나이〉에서 봤던 유격훈련 자세와 비슷하다고 보면 된다. 검사를 마치고 거울을 봤더니 입 주변에 하얀 조영제가 잔뜩 묻어 있다. 그 꼴이 마치 게거품 문 것처럼 꼴사나웠지만, 그래도 위장내시경으로 갈아탈 생각은 여전히 없다.

위장조영술이 난이도 중이라면 난이도 상에 해당하는 마지막 관문이 아직 남아 있다. 상하복부 초음파다. 간을 비롯해서 자궁, 콩팥 등의 장기에 이상이 없는지 확인하는 검사인데, 이때 내가 하는 거라곤 상의탈의하고 침대에 드러누워 숨 쉬라면 쉬고 참으라면 참는 것뿐이다. 그런데도 난이도 상에 랭크된 것은 초음파 화면을 통해 검사 결과를 실시간으로 목격하게 되기 때문이다. 혹이 하나 발견될 때마다 검사를 멈추고 사이즈를 측정하는데, 이 과정이 여러 차례 반복되면 정서적으로 견디기 힘들어진다. 저 혹의 정체가 단순 물혹인지 암덩어린지 알 수 없으니, 긴장감이 최고조에 달하는 거다. 내 뒤로 검사 대기자가 수두룩하다 보니 아무리 궁금해도 뭐 하나 물어보지도 못한다. "혹시 암은 아니겠죠?" 하는 질문이 턱 끝까지 올라왔다가, 결국 입 한 번 못 떼고 초음파실 밖으로 나서게 된다.

검사 결과를 통보받기까지 보통 일주일에서 열흘이 걸리는데, 그 불안감과 찜찜함은 말로 다 못한다. 이번에 아무 이상 없이 나오게 만 해 주시면 앞으로 나쁜 짓 안 하고 건강에 최선을 다해서 살겠다 며 빌고 또 빈다. 그렇게 참회의 나날을 보내다 보면, 어느새 이메일 이 도착해 있다. 너무 기다렸지만 막상 열어보기는 싫은 양가감정에 빠진다. 그래도, 주민번호 입력하고, 첫 페이지의 스크롤을 최대한 천천히 내리며, 검진 결과를 한 줄씩 집중해서 확인한다. 이건 뭐 화투 패 까는 타짜의 심정과 다를 게 뭔가 싶다.

'휴~' 다행히 아주 망한 성적표는 아니다. 작년에는 보였던 지방 간이 사라졌고, 공복혈당 수치도 정상범위로 회복됐다. 장기 구석구 석에 혹이 여럿 보이지만, 아직 문제될 만한 소견은 없으니 1년 후 재 검하라고 한다. 이 말인즉, 내가 1년만큼의 시간을 벌게 되었으며, 향 후 1년간은 건강검진 문제로 스트레스 받을 일은 없는 거라는 얘기 다. 그간의 불안과 초조가 눈 녹듯이 사라졌다.

얼마 전, 이름만 대면 알 만한 신경과 전문의가 출연한 팟캐스트 방송을 듣게 됐는데, 본인은 의사이지만 단 한 번도 건강검진을 받 아본 적이 없다고 했다. 특별한 철학이나 이유가 있는 줄 알았는데, 놀랍게도 '무서워서'란다. 검사했는데 뭐가 나올까 무서워서 검진을 받지 않았다는 거다. 그의 솔직한 고백에 큰 위안을 받았다. 의사도 무서워하는데 내 까짓게 별수 있나. 남들도 어쩔 수 없이, 마지못해 검사받는 거라 생각하니 마음이 좀 편안해졌다.

내년 1월이 되면, 또 날짜를 미루고 미뤄 마지노선인 3월 마지막 주의 어느 날에 검진 예약을 할 것이다. 또 건강에 최선을 다하지 못했던 지난 1년을 후회하고, 또 긴장감 속에 검진을 하며, 또 불안, 초조의 심정으로 결과지를 마주하게 되겠지만, 그럼에도 반드시 내 발로 종합검진센터를 찾아갈 거다. 무조건.

죽도록 싫겠지만 1년에 한번은 꼭 건강검진 받으시라. 무섭다고 피하다가 진짜로 무서운 일 당하는 수가 있다.

Life TIP

꼭 챙기자! 건강검진 가성비 높이는 꿀팁

공짜! 국민건강보험공단 건강검진 꼭 챙기기

2019년부터는 직장을 다니지 않는 2030도 건강검진을 받을 수 있게 됐다. 출생연도에 따라 2년마다 1회, 비만, 신장질환, 고혈압, 당뇨, 빈혈, 간장질환, 폐결핵질환, 우울증, 구강질환, 시각, 청각이상의 일반검진을 무료로 받을 수 있다. 특히 암검진 가운데 자궁경부암은 20대 여성부터도 가능하니 빼놓지 말고 받도록 하자.

저렴하게! 일반검사 외 추가검사는 해당 병원에서 진료받고 보험적용 받기

같은 내시경 검사라도 건강검진은 본인부담이지만 의사의 판단으로 특정질환이 의심되어 진단 및 치료를 위해 시행하는 검사에는 보험이 적용된다는 사실! 일반 검진 외 내시경 등 추가검사를 받고 싶다면, 일단 생돈 다 주고 받지 말고 약간의 증상이라도 느껴지면 병원에서 진료부터 받도록 하자. 또, 의사의 권유에 의한 검사는 실비보험 적용이 되니 본인의 보험 확인은 필수!

망한 하루를 위한 나이트 루틴

••• 혼자 살게 되면서 팔자에 없던 강박증이 생겼다. 가스 밸브는 잠갔는지, 전기코드는 다 뽑았는지, 현관문을 혹시 열어두고 나온 건 아닌지 하루에도 몇 번씩 확인한다. 출근길에 버스정류장까지 갔다가도 왠지 현관문이 제대로 안 잠긴 느낌이 들면, 혹시나 하고 다시 집으로 가서 기어이 문고리를 잡아당겨봐야 직성이 풀린다. 손발이 귀찮아도 어쩔 수 없다. 온종일 찜찜한 기분으로 불안에 떠는 것보다는 나으니까. 이렇게까지 하는데도 사무실에서 일하다가 뜬금없이 집에 불났다고 연락 오는 상상을 하는 걸 보면 강박증이 확실하다.

이런 사소한 강박증이 연쇄작용을 일으켜 스트레스에 취약한 성향이 된 걸까. 겉보기엔 멀쩡해도 멘탈이 쿠크다스다. 한번 머릿속에 잡념이 똬리를 틀면, 생각이 꼬리에 꼬리를 물면서 도무지 멈추지 않을 때가 있다. 회사 다닐 맛 뚝 떨어지게 만드는 억울한 상황들, 인간

관계에서 오는 피로감, 나의 미래에 대한 막연한 불안감까지 잡념의 이유는 다양하다. 한동안 잠자리에 눕기만 하면 심장이 갈비뼈 바깥으로 튀어나올 것처럼 요동쳐서, 119에 전화를 할까 말까 몇 번이나 망설였나 모르겠다. 이럴 때는 옆에 아무도 없이 혼자 산다는 게 서러워 죽을 지경이다.

지식인에 내 증상을 검색해 보니 공황장애 초기증상이란다. 에이 설마요, 무슨 연예인도 아니고. 지식인 이거 사람 잡네, 내가 뭐라고 공황장애가… 하면서도 진짜 공황장애면 어쩌나 식은땀이 줄줄 흐르고, 심장이 바운스 바운스 두근대 들킬까 봐 심각하게 겁이 났다. 지금은 또 아무 일도 없었던 것처럼 멀쩡한 걸 보니 공황장애는 아니었던 걸로. 근본 없는 돌팔이의 진단에 의지하지 마시라. 없던 병도 생긴다. 이렇게 불안과 초조로 심장 뛰는 밤을 보내고 나면, 다음 날 컨디션 난조로 하루를 시작하게 되는데, 그 여파가 종일 이어진다는 게 문제다. 하루를 나쁘게 마무리하고 다른 하루를 더 나쁜 상태로 시작하는 최악의 사태가 벌어지는 거다. 망한 하루의 뫼비우스 띠쯤으로 보면 되겠다.

그렇게 마음의 평화가 절실했던 그때, 우연히 명상을 테마로 한 전시회를 가게 되었다. 정확히 말하면 인싸라면 누구나 아는 남산의 피크닉 전시회였다. 예술가의 작품을 관람하면서 동시에 명상을 경험할 수 있는 신개념 전시였는데, 결론부터 말하자면 이토록 본전 생각이 나지 않는 전시는 처음이었달까. 그동안 스트레스로 머릿속이 뒤죽박죽일 때면, 유튜브로 강릉 바다 파도소리나 빗소리를 들으며 결가부

좌 틀고 잡념을 쫓아보려 애를 써왔는데, 흉내만 낸 것일 뿐 제대로 된 명상이 아니었다는 걸 알게 되었다. 물론 이런 방식으로 명상하는 분들도 계시겠으나, 나는 어쩐 일인지 영 효과를 보지 못했다. 빗소리를 들었을 때 마음에 평안이 오는 대신 김치전이 먹고 싶어졌다면 확실히 잘못된 게 맞다.

전시회에서 터득한 명상법을 공유하자면 다음과 같다. 인간은 하루에 6만 가지의 서로 다른 생각을 하며딱 내 얘기다. 나는 7만 가지 생각이 스칠 때도 있다 어제의 후회와 내일의 걱정으로 매일 혼돈의 카오스를 겪는데, 귀신이 곡할 노릇이다. 내 속에 들어갔다 나왔나 싶다. 내가 하는 시간낭비 중 최고는 벌어지지도 않을 일을 미리 걱정하는 거다 이때 명상은 그 혼돈으로부터 나를 현재로 데려와 지금 이 순간에 집중하게 해 준다는 거다.

티베트에서는 명상을 '곰(GOM)'이라고 하는데, '익숙해진다' 혹은 '습관이 되다'라는 뜻을 가지고 있다고 한다. 반복해서 절을 하거나 반복적으로 바느질을 하는 등의 습관적인 행위로 잡념을 떨칠 수 있으면, 그것으로 충분히 명상이 된다는 설명이다. 여기서 무릎을 탁 쳤다. 명상이라는 게 대단한 수련이 필요한 것도 아니며, 잡념으로부터 벗어난다는 건 단순히 의지와 생각만으로 가능한 게 아니라 현재에 집중할 수 있는 '행동'이 필요한 거였다. 멍 때리며 뽁뽁이를 터뜨리는 방식으로 심신의 안정을 얻는다는 게 틀린 말이 아니다. 마음을 다스리려고 굳이 돈을 지불하고 명상원에 찾아갈 이유가 사라졌다.

집에서도 나만의 방식으로 이 망할 잡념지옥에서 벗어날 수 있을 것 같았다.

그리하여, 명상에 가까운 나이트 루틴을 만들었다. 오늘의 망한 하루를 내일로 자동연장 시키지 않기 위한 나만의 소소한 의식인 셈이다. 먼저 스머지스틱에 불을 붙여 방 안 공기의 분위기를 전환시킨다. 스머지스틱이 초면인 분들을 위해 간단히 소개하자면, 옛날에 아메리카 원주민들이 말린 식물을 돌돌 말아 마음의 정화를 위해 사용한 향인데, 우리나라 제사상에 올라가는 향과 유사하다고 보면 된다. 스머지스틱으로 향을 피운 뒤 가만히 앉아이상하게 들릴지 모르겠으나 이게 핵심이다 뜨개질을 한다.

티베트 할머니들의 '바느질 명상'에서 착안해, '뜨개질 명상'을 시작했다. 온라인에서 2만 원 주고 네트백 뜨개질 키트를 샀다. 아주 마음에 든다. 내가 살아생전 뜨개질할 일이 있을까 했는데, 지금 하고 있다. 코바늘에 실을 걸어 같은 동작을 반복하다 보면 특별히 노력하지 않아도 자동으로 무념무상의 경지에 이르게 된다. 다른 생각을 하려야 할 수가 없다. 바늘코 하나 잘못 끼웠다가는 다 풀고 처음부터 다시 떠야 하는 상황이 발생하기 때문이다. 지금 이 순간 나에게 중요한 건 당장의 내 눈앞에 있는 바늘 한 코뿐. 여기에 온 신경을 집중하다 보니, 과거의 후회나 미래의 걱정 따위가 끼어들 틈이 없다. 잡생각이 일절 떠오르지 않는다. 이것이 진정한 명상이 아니고 뭐람. 그러니 마음이 소란하고 머릿속이 뒤죽박죽인 밤이면 뜨개질을 하지 않을 수가 없는 거다. 몇 코라도 뜨고 자면 그렇게 마음이 편할 수가 없다.

이것으로 나는 완벽하게 잡념에서 벗어나게 되었다…고 말하고 싶지만, 그렇게 되려고 최선의 노오력을 하고 있다는 게 더 정확하겠다. 그래도 파도영상에 의지하는 것보다는 백번 나으니 부지런히 할 거다. 내 마음에 강 같은 평화만 온다면야 뭐든 상관없다.

어쨌거나 오늘의 이 명상이, 매일의 이 나이트 루틴이 내일의 나를 만드는 첫 단추니까. 망한 오늘 때문에 내일까지 망치게 놔둘 수는 없으니까.

뭐가 됐든 마무리가 좋으면 다 좋은 거다. 일도, 사람도, 오늘 하루도.